Feryal Kanbay

Frühbeete – Pflanzen und Ernten rund ums Jahr

Bauweisen und Nutzungsmöglichkeiten

Mit Bepflanzungsplänen und Planungshilfen

AUGUSTUS

Impressum

Bildnachweis: Bildarchiv Gärtner Pötschke 10, 13:
Thomas Kunz 7, 12, 17, 19, 32; PhotoPress/Kiepke 61;
Wolfgang Redeleit 4, 6, 9 o.l., 9 o.r., 9 u.r., 14 o., 14 u., 16, 21, 25, 28, 29, 31, 33, 34, 46, 48; Nils Reinhard 27, 51 u., 59;
Reinhard Tierfoto 3, 21, 22, 23, 30, 33, 41, 51 o., 53, 54, 55, 56, 57, 58, 60, 62;
Dr. Reithmeier 36 o., 36 u., 37, 38, 39, 40

Die Deutsche Bibliothek - CIP-Einheitsaufnahme

Ein Titeldatensatz für diese Publikation ist bei der Deutschen Bibliothek erhältlich.

Dieses Buch folgt den Regeln der neuen deutschen Rechtschreibung

Augustus Verlag München 2001

Umschlaggestaltung: Vera Faßbender, Augsburg
Umschlagfotos: Wolfgang Redeleit, Bienenbüttel
Illustration: Lena Kristensen, Ingolstadt
Gesamtproduktion: Buch & Konzept, München
Satz: Gesetzt aus der The Mix 9/12 Punkt
von Caroline Saupe, München
Reproduktion: Litho Art, München
Druck und Bindung: Printer Trento s.r.l., Trient
Gedruckt auf chlorfrei gebleichtem Papier
Printed in Italy

ISBN 3-8043-7206-6

Vorwort 4

Gärtnern unter Glas und Folie 5

Frühbeete 5

Mit Kunststofffolien das Gartenjahr verlängern 17

Vorbereitung und Handhabung 27

Bodenbearbeitung 27

Die Bepflanzung 41

Anzucht von Pflanzen 41

Nutzung von Glas und Folie 47

Gemüse im Porträt 55

Adressen 62

Arbeitskalender 63

Register 64

Vorwort

Gartenliebhabern, die die ersten Frühlingstage mit Ungeduld erwarten, um mit dem Gärtnern beginnen zu können, erschließen Frühbeete und Folien neue Möglichkeiten, die Vegetationszeit und damit das Gartenjahr zu verlängern. Sie erlauben, Pflanzen für die Gartenbeete selbst heranzuziehen, die sommerliche Blütenpracht eher zu genießen, die Gemüseernte zu verfrühen, aber auch Wärme liebende Gemüsearten aus tropischen und subtropischen Regionen im eigenen Garten zu kultivieren.
Die Frühbeetkultur hat in den letzten Jahren eine gewaltige Entwicklung und Umstellung durchgemacht. Die altgewohnten Werkstoffe Holz, Eisen, Glas und Stroh mussten Kunststoffen, Leichtmetallen und Schaumstoffen weichen, die der Verrottung besser standhalten oder überhaupt nicht verrotten. Die kaum zu regulierende und schwer in Gang zu setzende Wärmequelle Stallmist wurde durch andere Wärmelieferanten ersetzt, die genau kontrollierbar sind und dem Wärmebedarf jederzeit angepasst werden können.
Die leichten Materialien sowie verformbare Folien ermöglichen es, Kulturflächen kurzfristig in Frühbeetanlagen umzuwandeln, ohne dass viel Arbeit und große Kosten entstehen. Folien, Vlies und Netze schützen die Pflanzen vor leichten Frösten, übermäßiger Nässe oder starker Sonneneinstrahlung sowie vor der Fressgier von Schädlingen. Das alles wirkt sich vor allem bei der Frühkultur von Gemüse aus. Die Fruchtfolge kann schneller sein, weil bisher nicht genutzte Flächen leicht überbaut werden können. Die Ernte erfolgt früher, die Nutzung der Anlagen lässt sich bis in den Winter hinein fortsetzen.
Sie erfahren im Folgenden, welche Lösung für Ihren Garten die richtige ist und wie Sie ein Frühbeet planen, aufstellen und optimal nutzen können.

Ein Frühbeetkasten ermöglicht schon früh im Jahr üppiges Gemüse zu kultivieren und Jungpflanzen für Gartenbeete zu ziehen.

Gärtnern unter Glas und Folie

Der Standort für ein Frühbeet spielt vor allem bei ortsfesten Bauweisen eine Rolle. Es wird in Ost-West-Richtung aufgestellt, wobei das Fenster leicht nach Süden geneigt ist, um das Licht besser auszunutzen.

Ob im Gartencenter gekauft oder selbst gebaut – ein Frühbeetkasten besteht im Wesentlichen nur aus einem Holz-, Metall-, Kunststoff- oder Betonrahmen und Fenstern aus Glas, Kunststoff oder Folie. Je nach Verwendungszweck kann es sich um ein transportables oder um ein ortsfestes Modell handeln. Folien und Vlies, die einen früheren Gemüseanbau sowie eine vorgezogene Ernte ermöglichen, werden in der Regel als Bodenabdeckung oder für Tunnelbauten verwendet.

Frühbeete

Der ausgewählte Platz für die Anlage eines Frühbeetkastens muss windgeschützt und sonnig sein. Er wird in Ost-West-Richtung gestellt, wobei die Fenster eine leichte Neigung nach Süden aufweisen, um das Licht besser auszunutzen. Das Grundwasser muss mindestens einen Meter tief stehen, damit es nicht in die Grube eindringen kann. Regenwasser sollte leicht abzuleiten sein.

Frei liegende Frühbeete brauchen einen Windschutz, der sie vor Nord- und Ostwinden abschirmt. Die Schutzwände auf der Süd-, West- und Ostseite sollten in einigem Abstand stehen und dürfen den Frühbeetkasten nicht beschatten. Diese Überlegungen zur Standortfrage gelten vor allem für feststehende Kästen, da diese dauerhaft am gleichen Platz bleiben.
Findet ein Frühbeet schon im zeitigen Frühjahr Anwendung, kann man die Frage der Erwärmung durch den Anschluss an die Heizungsanlage des Wohnhauses lösen. Dieser Aspekt muss bei der Standortauswahl bedacht werden. Auch sollte sich in der Nähe ein Wasseranschluss befinden.

Welches Frühbeet für meinen Garten?

Sind die grundsätzlichen Vorüberlegungen geklärt, lautet die nächste wichtige Frage „Welche Materialien sind überhaupt erhältlich und welches eignet sich für meine Bedürfnisse?“ Entscheidend ist das Gewicht der Konstruktion, vor allem wenn Sie mit mobilen Kästen arbeiten und den Standort eventuell ändern wollen. Natürlich ist auch die Stabilität entscheidend. Die Werkstoffe, aus denen Ihr Frühbeet besteht, müssen eine Menge aushalten:

Wärme und Feuchtigkeit im Innern im Wechsel mit Kälte, Regen, Schnee, Eis und Hitze von außen. Neben altgewohnten Materialien wie Holz, Eisen, Glas und Beton bestehen Frühbeete immer häufiger aus Kunststoffen, z. B. aus Acryl-Stegdoppelplatten, und Leichtmetallen wie Aluminium. Diese sind pflegeleichter und wiegen vor allem weniger – ein wichtiger Aspekt gerade bei tragbaren Varianten! Auch in Rahmen gefasste Glaswände für Frühbeete sind erhältlich. Aber die vollständige Verglasung erweist sich im Sommer eher als nachteilig, wenn die Sonne intensiv auf die Pflanzen einwirkt und sie verbrennt. Außerdem besteht Bruchgefahr, besonders wenn Kinder im Garten spielen. Daher sind rundum verglaste Frühbeete unpraktisch und nicht zu empfehlen.

Doppelkasten oder einfaches Frühbeet?
Bei Frühbeeten wird zwischen zwei Bauformen unterschieden: Doppelkästen und einfache Frühbeete. Bei doppelter Bauform befindet sich beiderseits des Firstes die Glasfläche, einfache Beete haben nur eine Glasfläche. Für Hausgärten ist das einfache Frühbeet günstiger und erfüllt alle Anforderungen. Selbst gebaute Modelle werden mit einem handelsüblichen Frühbeetfenster bedeckt, das gewöhnlich die Maße von 100 x 150 cm aufweist. Fertigbeete sind in der Regel als Bausatz erhältlich.

Wenn man sich doch für einen Doppelkasten entscheidet, muss man ihn nicht unbedingt selbst bauen. Der Fachhandel bietet eine Auswahl von Fertigmodellen, die sich einfach zusammenbauen lassen.

Beweglich oder ortsfest?
Frühbeete können in beweglicher Form und in ortsfester Bauweise errichtet werden. Man kann verschiedene Materialien, auch in Kombination, verwenden. Für welche Bauform und Bauweise Sie sich entscheiden, hängt vom Verwendungszweck ab. Soll der Schutz der Pflanzen vor widrigen Wetterbedingungen oder eine Ernteverfrühung um mehrere Wochen bzw. die Verlängerung der Erntezeit im Herbst im Vordergrund stehen, genügen oft folienbespannte Gestelle. Ein stabiler Wanderkasten, z. B. aus Kunststoff, ist vorteilhaft, wenn Sie früh im Jahr Jungpflanzen heranziehen oder aber auch besondere Gemüse anbauen wollen. Manche Gemüsesorten benötigen sogar im Sommer Schutz. Ein ortsfestes Frühbeet hingegen ermöglicht bereits im Spätwinter die Pflanzenanzucht, vor allem wenn es beheizt ist.

Was kostet ein Frühbeet?
Bei der Auswahl der richtigen Frühbeetanlage spielt auch der Preis ein Rolle. Ein geschickter Heimwerker kann

aus Holzbrettern einen feststehenden oder beweglichen Kasten günstig selbst bauen. Ein transportables Frühbeet mit einem Fenster aus Stegdoppelplatten lässt sich schon für unter 200 DM herstellen. Ein Frühbeet mit verglasten Aluminiumfenstern kostet etwa 500 DM. Frühbeetsysteme aus Kunststoff zur Selbstmontage sind hingegen ziemlich kostspielig, genauso wie Fertigbeete aus Beton. Gartencenter, aber auch spezielle Hersteller, bieten stabile und dauerhafte Frühbeete aus Aluminium und Polycarbonat- oder Acrylplatten mit mehrfach verstellbaren Fenstern bereits ab 200 DM aufwärts an.

zeitigen Frühjahr bis in den Winter Schutz bieten. Der ohnehin zu kurze Sommer in unseren Breiten reicht für viele Gemüsepflanzen aus südlichen Gegenden nicht aus, um zur vollen Reife zu gelangen. Unter Glas oder Folie verlängert sich das Gartenjahr um ganze Monate.
Bevor Sie sich für einen transportablen Kasten entscheiden, sollten Sie sich im Gartenfachhandel informieren. Gartencenter bieten eine gute Auswahl an verschiedenen Systemen. Hersteller von Frühbeeten versenden oft ihre Kataloge, die über einzelne Formen, Materialien sowie Preise Auskunft geben.

Das herkömmliche Frühbeet mit Holzrahmen und Glasfenster wird im Hausgarten immer mehr von kompletten Systemen aus Aluminium und Kunststoff verdrängt.

Bewegliche Frühbeete

Transportable Beetkästen sind rasch auf- und wieder abzubauen. Diese Konstruktionen können bequem über die Kulturen gestellt werden, die gerade den meisten Witterungsschutz brauchen. Es gibt sogar Modelle, die auf Balkon und Terrasse Platz finden. Folgt man sorgfältig geplanten Kulturfolgeplänen, können flexible Frühbeete jeweils Gemüsearten in ihren empfindlichsten Zeiten oder den empfindlichsten Gemüsearten vom

Frühbeetkastenzangen

Die einfachste Art beweglicher Frühbeete wird aus Brettern mit so genannten Kastenzangen zusammengesetzt. Die auf die Holzlängsseiten im Abstand von ein oder zwei Meter gesteckten Zangen werden jeweils unter dem Stoß zweier Fenster angebracht. Für diese Bauweise sind drei Zentimeter starke Bretter völlig ausreichend. Die Giebelseiten nagelt man an die Längsseiten. Dieser Wanderkasten wird dann einfach auf das Beet gestellt. Trotz höherer Kosten sollten die Zangen aus verzinktem Material bestehen.

Frühbeetkästen aus Leichtmetall und Kunststoff

Aluminium ist inzwischen ein unverzichtbares Material für den Bau von Frühbeeten geworden. Hierbei handelt es sich aber nicht um reines Aluminium, sondern um eine Legierung. Aluminium hat zahlreiche Vorteile gegenüber anderen Werkstoffen. Die Bauteile wiegen leicht und sind bequem zu

verarbeiten, es ist chemisch beständig und rostet nicht. Ein Anstrich ist daher nicht nötig. Die Aluminiumsprosse lassen sich zudem einfach zusammenschrauben und ermöglichen eine kittlose Verglasung.
Frühbeete mit Aluminiumrahmen bestehen meistens ringsherum aus Kunststoff. Es handelt sich dabei um Hohlkammerplatten aus Polycarbonat oder um Acryl-Stegdoppelplatten, die für eine hohe Wärmeisolierung sorgen und witterungsbeständig sind. Hierbei sind zwei oder drei einfache Platten parallel zueinander angeordnet und in regelmäßigen Abständen mit Stegen verbunden. Besonders wärmedämmend sind Stegdoppelplatten von 16 mm Stärke. Die Lichtdurchlässigkeit bei Acrylglas entspricht mit 80 – 90 Prozent etwa der von Gartenglas.
Die übliche Größe dieser Frühbeete beträgt 100 x 90 x 30/40 cm, einzelne Hersteller bieten aber auch andere Abmessungen an. Ein Kasten besitzt zwei mehrfach verstellbare Fenster, die mit passenden automatischen Fensterhebern ausgerüstet werden können. Diese sehr stabilen Frühbeete sind durch einen Anbausatz beliebig erweiterbar. Es gibt auch Varianten mit durchsichtigem und milchigem Acrylglas, wobei die undurchsichtigen Kunststoffe vorzuziehen sind, da man sich so den Sonnenschutz spart.
Ein weiterer Vorzug von Acrylglas ist die Alterungsbeständigkeit und Bruchsicherheit. Der Nachteil ist, dass die Seitenteile nach jedem starken Regen abgewaschen werden müssen, damit mehr Licht durchkommt. Diese Frühbeetkästen haben sich mehr und mehr durchgesetzt und nehmen einen festen Platz im Angebot der Gartencenter ein. Man kann sowohl fertige Kästen in unterschiedlichen Größen kaufen, als auch Bausätze, die mit etwas Geschick schnell zu installieren sind.
Der Fachhandel bietet auch Stegplatten aus Polyvinylchlorid (PVC) in Stärken von 1,0 mm an, die sich gut für den Selbstbau beweglicher Frühbeetkästen eignen. Die Wärmeisolierung ist hier jedoch relativ gering. Die Lichtdurchlässigkeit beträgt etwa 90 Prozent.

Kompaktfrühbeete aus Plexiglas

Für den heutigen Wohngarten mit nur wenigen Quadratmetern Nutzgarten eignet sich diese leichte Bauweise besonders gut. Bei Kompaktfrühbeeten handelt es sich um Fertigteile aus Wellkunststoff, die sehr praktisch und kostengünstig sind. Sie sind so gebogen, dass Wände und Fenster aus einem Guss bestehen. Jede dieser Abdeckungen wiegt insgesamt weniger als 10 kg, lässt sich also problemlos verstellen.
Der Hersteller liefert für die Giebelseite passende Anschlussstücke, so dass man diese Fertigteile beliebig aneinanderreihen kann. Sie sind hauptsächlich in zwei Maßen erhältlich: 100 x 65 cm und 150 x 80 cm. Die Abdeckung ist in glasklar und milchglasartig erhältlich, wobei bei der nicht durchsichtigen Ausführung eindeutig bessere Ergebnisse erzielt werden. Da leichte, selbsttragende Flächen vom Wind verweht werden können, muss man sie mit Steinen oder etwas Ähnlichem in der oberen Rinne beschweren; sie können auch mit starkem Draht oder Erdankern gesichert werden.
Diese Art Abdeckung eignet sich jedoch nicht für den Winter, besonders bei Bodenfrost, der ungehindert in die aufsitzenden Einzelteile eindringen kann.

Wer nicht auf Holz als Grundmaterial verzichten will, aber kein großer Handwerker ist, kann im Gartenfachgeschäft einen Bausatz kaufen, den er problemlos zusammensetzen kann. Ein Rahmen, der mit Folie bespannt oder mit einer Stegdoppelplatte versehen wird, dient als Frühbeetfenster.

Tragbare Holzfrühbeete

Wanderkästen aus Holz lassen sich ganz einfach selbst bauen. Sie brauchen dazu Schalungsbretter für die Seitenwände, Winkelverbinder und Schrauben. Da der Kasten ein Gefälle haben soll, müssen die Seitenteile dementsprechend abgeschrägt sein. Mit jeweils zwei Winkelverbindern lassen sich die Kastenwände schnell und stabil zusammenbauen. Die Maße des Frühbeets richten sich danach, ob Sie handelsübliche Fenster verwenden oder eine Abdeckung aus Kunststoff selbst bauen. Für bewegliche Kästen eignen sich am besten Fenster aus Doppelstegplatten, die selbst gefertigt werden können. Die Platten sind in verschiedenen Breiten erhältlich. Bei einer Breite von 20 cm werden die Kunststoffplatten mit der Stichsäge in entsprechend lange Stücke getrennt, die zusammengesteckt und festgeschraubt werden. Auf der Unterseite werden die Stegdoppelplatten auf eine Holzleiste geschraubt, um dem Deckel mehr Stabilität zu geben. Dieser wird dann an der Kastenrückwand befestigt. Zwei Bohrungen vorne auf dem Frühbeetfenster ermöglichen das Anbringen eines Griffes, mit dessen Hilfe es sich öffnen und schließen lässt. Sie können einen Fertiggriff verwenden oder eine feste Schnur durch die Bohrungen führen und verknoten. Der fertige Kasten wird auf den Boden gestellt und etwas in die Erde gedrückt. Transportable Holzkästen sind auch als Bausatz erhältlich. Als Abdeckung dient oft ein mit Kunststofffolie bespannter Rahmen.

Holzimprägnierung

Holz ist ein altbewährter Werkstoff. Es lässt sich leicht bearbeiten, ist jedoch pflegeaufwendig, wenn man keine Harthölzer verwendet hat. Das Holz muss jedes Jahr einen Anstrich mit einem pflanzenunschädlichen Schutzmittel erhalten, damit Parasiten und Pilze sich nicht darin ansiedeln können. Kiefernholz eignet sich besonders gut für den Aufbau von Frühbeetkästen, da es wegen seines hohen Harzgehaltes gegen Fäulnis ziemlich widerstandsfähig ist. Wenn man es sich leisten kann, sollte man jedoch Harthölzer (z. B. Zedernholz) verwenden, da hier keine Vorbehandlung benötigt wird. Gut imprägnierte Holzkästen können bis 10 Jahre halten.

Eckverbindungen, die durch Dachlatten und Lochfolie ergänzt werden, lassen sich schnell zu einem einfachen Frühbeet in gewünschter Größe aufstellen.

Betonsockel mit eingeschobenen Holzbrettern

Bei diesem Frühbeettyp werden die Betonsockel so tief in den Boden gesetzt, dass die Holzbretter am Boden abschließen. Für ein Beet von drei bis fünf Meter Länge braucht man vier Eck- und zwei Mittelsockel. Die Höhe der Seitenwände beträgt 20 cm.
Die untere Seite wird etwas mehr in den Boden gedrückt, damit die Fenster eine leichte Neigung bekommen. Da die Herstellung der Sockel ziemlich viel Geschick erfordert, sollten sich nur handwerklich begabte und geübte Gartenfreunde an diese Konstruktion wagen.

Faserzement-Frühbeete

Bei dieser Konstruktion sind Längs- und Giebelseiten innen durch Metallwinkel mit Schrauben und Muttern verbunden. Verschiedene Fabrikate werden auch in Verbindung mit selbst lüftenden Fenstern und Lüftungsautomaten angeboten. Auf- und Abbau gehen rasch, so dass der Platzwechsel schnell durchgeführt ist.

System aus Winkelmuffen

Hier handelt es sich um ein sehr praktisches bewegliches Frühbeet, das mit wenigen Handgriffen in gewünschter Größe gebaut werden kann. Es besteht aus Kunststoff-Winkelmuffen mit Bodenspießen, die für Standard-Dachlatten passend sind. Das preiswerte Modell wird mit Lochfolie überspannt und hat eine Höhe von 40 cm. Dieses System aus Eckverbindungen ist im gut sortierten Fachhandel erhältlich. Die Winkelmuffen haben eine Breite von 2,5 cm und eine Höhe von 4,8 cm. Vier Stück kosten etwa 20 DM. Hinzu kommen die Kosten für die Latten und Folie.

Ortsfeste Frühbeete

Feststehende Frühbeete eignen sich vor allem für größere Gärten oder wenn Sie bereits im Spätwinter in einem warmen Kasten mit Jungpflanzen- und Gemüsetreiberei beginnen wollen. Sie werden mit Hilfe von Pfosten oder Säulen aus Holz bzw. Beton fest in der Erde verankert. Das Innere des Frühbeetes wird in der Regel ca. 50 cm tief ausgehoben, um darin eine Packung aus Dung oder Laub zur Erwärmung des Innenraumes einzufüllen. Eine Alternative zur Heizung des Beetes sind Heizkabel oder -matten, die auf dem Boden ausgelegt und mit hochwertiger Pflanzerde bedeckt werden.

Holzfrühbeete

Um ein Frühbeet aus Brettern zu bauen, braucht man keine großen handwerklichen Fähigkeiten. Geeignetes Material ist Kiefern-, Lärchen-, Fichten- oder Tannenholz. Pflanzenunschädliche Schutzmittel verlängern die Lebensdauer der Holzteile.
Der Kasten besteht aus zwei Längsteilen, zwei Seitenteilen, den vier Eckpfosten und den Fensterlatten. Die Höhe des Kastens misst für das obere Längsteil 40 – 60 cm, für das untere 30 – 40 cm. Die Seiten- oder Kopfstücke entsprechen den Breiten der Längsteile. Da der Kasten ein Gefälle von 10 cm haben soll, müssen die Seitenteile dementsprechend abgeschrägt sein, damit Regen- und Schmelzwasser ablaufen können. Um dem Kasten genügend Standfestigkeit zu verleihen, kann man unter die Pfosten Ziegelsteine legen oder aber die Pfosten entsprechend länger zuschneiden und in den Boden eingraben. Die Eckpfosten müssen vierkantig, aus stabilem Holz und 8 – 10 cm stark sein. Jeweils am Stoß zweier Fenster verbinden Streben die Längswände, um das Ganze zu stabilisieren und das Verziehen des Kastens zu verhindern.
Bei den Abmessungen sollten Sie die Größe der genormten Fenster berücksichtigen, sofern Sie sich nicht auch den Fensterrahmen selbst anfertigen und mit Folie bespannen. Normalfenster haben die Maße 100 x 150 cm.

Betonfrühbeete

Sie können auch ein feststehendes Frühbeet aus Beton selbst bauen, brauchen aber hier eine Portion handwerkliches Geschick und Erfahrung im Umgang mit diesem Material. Die Umfassungswände müssen zuerst mit Holz eingeschalt werden und zwar mit einem

Bei selbst gebauten Frühbeetkästen sollte bei den Abmessungen die Größe der genormten Fenster berücksichtigt werden. Wenn man die Frühbeetfenster ebenfalls selbst bastelt, kann die Kastengröße beliebig sein.

Zwischenraum von sechs Zentimetern; die Schalungswände sollten fünf Zentimeter tief im Boden beginnen. In den Zwischenraum wird die Betonmischung eingefüllt. Dabei müssen Sie die Mischung immer wieder feststampfen und stochern, damit jeder Hohlraum ausgefüllt ist und die Masse sich so fest wie möglich verdichtet. Die Stabilität wird mit Hilfe von rostfreiem Eisendraht unterstützt, der als Armierung eingefügt wird. Verwenden Sie immer schnell bindenden Zement, wenn Sie nicht mehrere Wochen warten wollen.

Tipp

Für die Herstellung von Betonfrühbeeten kann man folgende Mischung verwenden: 1 Raumteil Zement, 1 1/2 Teile Betonsand, 1 1/2 Teile Betonkies über 7 mm Durchmesser

Der Beton wird 5–10 Tage feucht gehalten, bis der Abbindevorgang beendet ist. Das Abdecken verhindert Wasserentzung durch Wind, Luft und Sonne. Bei Frost sollte man Betonarbeiten nicht ausführen.
Die genormten handelsüblichen Frühbeetfenster können auch für Betonkästen verwendet werden.

Frühbeetfenster aus verzinktem Metallrahmen mit Glas sind zwar stabil, aber sehr schwer, außerdem kann das Glas leicht zu Bruch gehen.

Frühbeetfenster

Handelsübliche Frühbeetfenster haben einen Rahmen aus Holz oder Aluminium, der mit Glas oder Kunststoff versehen ist.
Am meisten verwendet wird das Normalfenster, das verglast in der Größe von 100 cm Breite und 150 cm Länge erhältlich ist. Es hat eine Mittelsprosse und zwei Scheiben, diese werden in die mit Nuten versehenen Rahmen und Mittelsprossen eingeschoben und brauchen daher nicht verkittet zu werden. Rahmen aus verzinktem Metall werden heute sowohl im Gartenbau als auch für den Hausgarten immer seltener verwendet. Sie haben den Nachteil, dass sie sehr schwer sind, und dass man keine Lüftungsautomaten anbringen kann. Bei normalen Frühbeetfenstern verwendet man deshalb zum Lüften ein Luftholz in mehrstufiger Form, Dieses ist aus etwa 8 cm breiten, 40 cm langen und 4 cm dicken Dachlatten geschnitten und mit vier oder fünf zahnartigen Ausschnitten versehen. So kann das Fenster unterschiedlich weit geöffnet werden.
Man kann Fensterrahmen aus Holz auch ungestrichen und unverglast kaufen und selbst fertig stellen. Das Holz muss durch einen guten Anstrich vor Fäulnis geschützt werden. Kiefern- und Lärchenholz sind gegen Nässe und Fäulnis sehr widerstandsfähig. Es benötigt eine Grundierung mit Leinölfirnis und einen Anstrich mit gut deckender Ölfarbe.
Im Gegensatz zu Fenstern aus Holz sind Leichtmetallfenster langlebiger und pflegeleichter.

Glasarten
In der Regel stehen zwei Glasarten zur Wahl: Blankglas entspricht normalem Fensterglas, ist beidseitig eben und vollkommen durchsichtig. Gartenklarglas ist nicht durchsichtig, sondern nur durchscheinend. Eine Seite ist glatt, die andere aufgeraut (genörpelt); die glatte Seite wird nach oben gelegt, damit sich kein Staub oder Schmutz festsetzt. Die raue Unterseite streut das Licht und setzt so die Verbrennungsgefahr für die Pflanzen herab. Wenn man tagsüber nicht viel Zeit für die Betreuung der Frühbeete hat, ist Gartenklarglas die bessere Wahl. In der warmen Jahreszeit kommt man weitgehend ohne Schattierung zurecht.
Aluminiumrahmen werden immer häufiger anstelle von Glas mit Plexiglas-Profilplatten oder Stegdoppelplatten versehen. Die Erfahrungen zeigen, dass die Pflanzen darunter genauso gut gedeihen wie unter Glas.
Diese Fenster sind meistens mit praktischen Lüftungsautomaten versehen, die stromlos betrieben werden und mit Hilfe von Sonnenwärme funktionieren. Die Öffnungstemperatur ist in der Regel einstellbar.
Solche Fensterautomaten können auch nachträglich eingebaut werden.
Selbst lüftende Frühbeetfenster und Fenster mit eingebauten Lüftungsautomaten sind zwar in der Anschaffung etwas teuerer als die normalen Fenster, aber weniger arbeitsaufwändig.

Beheizen im Frühbeet

Erwärmbare Frühbeete haben den Vorteil, dass man bereits im Spätwinter mit der ersten Bestellung beginnen kann, weil man nicht auf die Sonneneinstrahlung als einzige Wärmequelle angewiesen ist. Wurde der Boden in Frühbeetkästen früher ausnahmslos durch das Packen mit Dung erwärmt, hat man heute die Möglichkeit, auf technische Einrichtungen zurückzugreifen.

Technische Erwärmung
Mit einer Frühbeetheizung lässt sich die Wärme genau regulieren. Da Wärme in der Luft und im feuchten Boden rasch weitergeleitet wird, muss das Beet gut isoliert werden. Eine schnelle und preiswerte Methode ist die Abdichtung mit Styropor, das pflanzenunschädlich ist und nicht fault. Man legt Seiten und Untergrund mit etwa 1 cm dicken Styroporplatten aus, wobei in den Boden Löcher gestochen werden, damit überflüssiges Wasser ablaufen kann.

Warmwasserheizung
Es gibt verschiedene Möglichkeiten ein Frühbeet zu erwärmen. Eine Warmwasserheizung ist vom nahe stehenden Wohnhaus abhängig. Man verwendet am besten feuerverzinkte Heizungsrohre, die sich ohne Schweißen zusammenbauen lassen und keinen Schutzanstrich benötigen. Im Sommer können die Rohre abgebaut und als Regnerzuleitung verwendet

Lüftungsautomaten sind sehr praktisch, wenn man tagsüber die Frühbeete nicht beaufsichtigen kann. An Kunststofffenstern können sie auch nachträglich angebracht werden.

werden. Man kann auch mit kostengünstigen Kunststoffschläuchen eine Bodenheizung einrichten. Man muss sie nur vor dem Einfüllen des Substrats mit Wasser füllen, damit sie nicht zusammengedrückt werden. Die Wassertemperatur sollte nicht über 40 – 50 °C steigen, denn die Schläuche vertragen keine hohen Temperaturen und werden sonst brüchig. Beim Anschluss an die Warmwasserheizung ist ein Mischventil, unter Umständen auch eine Umwälzpumpe vorzuschalten. Die Installation sollte auf jeden Fall durch einen Fachmann ausgeführt werden.

Elektroheizung

Ist ein Stromanschluss in der Nähe, kann man eine Elektroheizung einbauen, die je nach Bedarf eingeschaltet werden kann.
Die elektrische Heizung hat den Vorteil, dass sie auch zur Beheizung von leichten Bauweisen und sogar von Folientunneln eingesetzt werden kann. Die Temperatur lässt sich mit einem Thermostat regeln. Die elektrische Heizung erfolgt durch Bodenheizkabel, die etwa 40 – 60 W/m leisten. Pro Quadratmeter sind etwa 100 W Heizleistung erforderlich. Die Temperatur wird dabei um ca. 15 – 17 °C erhöht.

Bodenheizkabel eignen sich für Frühbeete und Anzuchtschalen. Die Bodentemperatur lässt sich um 10 – 15 °C anheben, wodurch unabhängig von kalter Witterung ein schnelleres Keimen ermöglicht und das Wachstum beschleunigt wird.

Die Heizmatte ist ideal für Pflanzenaufzucht und Stecklingsvermehrung, da die Wärme direkt an die Wurzeln abgegeben wird. Sie besteht aus strapazierfähigem Kunststoff und kann direkt auf die Erde gelegt werden.

Wärmeunterlagen

Eine dritte Möglichkeit der Erwärmung bieten Wärmeunterlagen. Diese Heizmatten verteilen die Wärme gleichmäßig auf die Fläche. Sie werden direkt an die Stromleitung angeschlossen. Die Wärmeunterlage und der Anschluss werden auf eine zwei Zentimeter starke Substratschicht gelegt. Mit einem Thermostat lässt sich jede Temperatur zwischen 10 und 30 °C einstellen. Die Bodentemperatur beträgt bei 18 °C Raumtemperatur etwa 30 °C.
Bei der Maschendrahtheizung verteilt ein Heizdrahtgewebe die Wärme gleichmäßig über das Beet. Man

In einem traditionellen Mistbeet erwärmt sich der Pferdedung durch die verrottenden Bakterien sehr stark, sinkt aber bald wieder. Erst danach gibt man die vorbereitete Kulturerde auf das Packmaterial.

sollte nur verzinktes Sechseckdrahtgeflecht verwenden. Mit Kunststoff überzogenes Drahtgewebe eignet sich noch besser und ist dauerhaft. Der Maschendraht wird auf eine Styroporplatte ausgelegt, auf der sich eine etwa 3 cm hohe Sandschicht befindet. Über den Heizdraht breitet man 5–15 cm hoch das Substrat aus. Der Betrieb dieser Heizung ist einfach und wird durch einen Thermostat gesteuert.

Vor der Einrichtung der Anlage sollte man sich unbedingt vom Fachmann beraten, gegebenenfalls die Heizung von ihm installieren lassen. Verschiedene Hersteller bieten komplette Anlagen für bestimmte Beetgrößen, die man nur zu verlegen braucht.

Die Isolation des Frühbeetkastens senkt den Stromverbrauch auf ein Drittel bis ein Viertel herab und sollte daher nicht fehlen.

Zur Anzucht von Jungpflanzen eignen sich elektrisch beheizte Saatschalen, die man im Zimmer aufstellt.

Wenn Sie keine elektrische Heizung installieren wollen, können Sie eine Erhöhung der Bodentemperatur mit einem Solar-Wärmespeicher erreichen. Das ist eine Frostschutz- und Vegetationsheizung für Gewächshäuser, Frühbeete und Folientunnel. Die Wärmespeicher bestehen aus schwarzen Polyethylen-Schläuchen von 7 cm Durchmesser, die mit Wasser gefüllt in einem Abstand von 20 cm auf dem Erdsubstrat liegen.

So speichert das Wasser der Schläuche auch bei wenig Sonnenschein im Frühjahr und Herbst, aber auch in kühlen Sommernächten, die eingestrahlte Wärme und gibt sie ab.

Biologische Erwärmung

Ein gepacktes Frühbeet, das auch als Mistbeet oder warmer Kasten bezeichnet wird, ist fast so etwas wie ein kleines, beheiztes Gewächshaus. Als Packmaterial eignet sich am besten Pferdemist, aber man kann auch Schaf-, Kaninchen-, Ziegen- und Kuhmist verwenden. In einem gepackten Frühbeet kommt die Erwärmung durch den Abbau organischer Substanzen durch Pilze und Bakterien im Boden zu Stande, die zur Entwicklung Luft, Feuchtigkeit, Stickstoff, Kohlenstoff und Mineralstoffe brauchen. All dies liefert frischer Stalldung.

Die Fenster des Mistbeets werden nach Süden geneigt, damit die Wärmenutzung optimal ist. Die Abmessungen richten sich nach der Größe der genormten Frühbeetfenster, die in der Regel 100 x 150 cm oder 100 x 80 cm groß sind. Die Umrandung wird aus stabilen Holzbrettern und -pfosten gebaut. Der Kasten sollte vom Boden bis zum oberen Rand an der Südseite 15–30 cm, an der Nordseite 25–40 cm hoch

Bei der Anlage eines Mistbeets wird strohiger Pferdemist in den Kasten gefüllt, lagenweise festgetreten und gründlich angefeuchtet.

sein. Je größer der Luftraum im Mistbeet ist, umso langsamer erwärmt er sich, umso geringer ist aber auch die Gefahr einer raschen Überhitzung.
Für die Packung wird eine etwa 50 cm tiefe Grube ausgehoben. Legen Sie die Grube mit feinem Maschendraht aus, um Wühlmäuse abzuwehren. Mit der Packung beginnt man Anfang bis Ende Februar. Zuerst wird die Grube mit einer etwa 10 cm dicken Schicht trockenem Laub oder Stroh gefüllt, damit die Wärme nicht nach unten abgegeben wird.
Darauf kommt eine etwa 30 – 50 cm dicke Schicht Pferdemist, der vorher einige Tage abgelagert wurde. Der günstigste Zeitpunkt zum Packen ist erreicht, wenn ein Thermometer, das etwa 30 cm tief in den Mist gesteckt wird, 20 °C. anzeigt. Das gilt bei jeder Witterung. Beim Befüllen wird die Packung lagenweise festgetreten und zum Schluss gründlich bewässert. Nachdem der Kasten gepackt wurde, werden die Fenster angebracht und nachts zusätzlich mit Strohmatten abgedeckt. Auf diese Weise wird das Packmaterial vier bis fünf Tage auf 20 °C erwärmt, bevor man eine etwa 20 cm dicke Schicht Substrat auffüllt. Am besten eignet sich gesiebte Komposterde. Die Packung sackt mit der Zeit zusammen. Für Aussaaten wird bis zur Oberkante gepackt, bei Auspflanzkulturen bleibt der Platz bis zum Fenster größer. Mit der Aussaat bzw. dem Auspflanzen wird je nach Witterung frühestens ab Ende Februar begonnen. In einem warmen Kasten herrscht eine Temperatur von 17 – 22 °C.
Wo Stallmist nicht zu bekommen ist, kann man ersatzweise Torf, Laub oder Stroh verwenden.
Bei Torf braucht man nur eine Packhöhe von 30 – 35 cm. 500 l Düngetorf reichen für etwa ein Fenster. Der Torf wird sorgfältig zerkleinert und zu einem Rechteck von 20 cm Höhe ausgebreitet und mit organischen Heizstoffen, zum Beispiel 10 kg organischem Volldünger vermischt. Das Gemisch wird mit 70 l Wasser gut durchfeuchtet, mehrmals umgeschaufelt, damit sich die Feuchtigkeit verteilt und anschließend wieder 20 cm hoch ausgebreitet. Am Schluss wird das Ganze mit 30 l warmem Wasser, in dem man 1 kg Zucker aufgelöst hat, überbraust. Das vorbereitete Packmaterial wird gleichmäßig in den Kasten eingefüllt und glatt gezogen. Darauf kommt eine 15 cm hohe Schicht Kulturerde. Die Temperatur steigt innerhalb von 8 – 10 Tagen auf 40 °C an, fällt aber unter dem Einfluss der Außentemperatur nach etwa zwei Wochen wieder ab. Zeigt das

Tipp

Anstelle von Dung kann man auch eine Mischung aus 30 kg Kokosschalen, 1 kg Zucker, je 1,5 kg Thomasphosphat und Kaliummagnesia als Packmaterial verwenden.

Thermometer etwa 30 °C an, kann gesät und gepflanzt werden.
Wenn Sie Laub oder Stroh als Packmaterial verwenden wollen, müssen Sie es mit warmem Wasser anfeuchten und mit Kalkstickstoff (etwa 1300 g/m² Beetfläche) vermischen.
Pro Normalfenster benötigen Sie etwa 30 – 50 kg Packmaterial, das locker mit der Grabgabel schichtenweise eingebracht und festgetreten wird. Es dürfen sich keine Klumpen bilden.
Halbwarme Frühbeete werden ebenfalls in stabiler Bauweise errichtet. Der Temperaturbereich liegt bei 10 – 17 °C. Da hier die Substratpackung eine geringere Packhöhe hat, wird weniger Wärme erzeugt, und der Anbau beginnt entsprechend später. Nächtlicher Wärmeschutz ist notwendig. In einem halbwarmen Frühbeet werden die ersten Gemüsearten wie Salat und Kohlrabi sowie Zwischensaaten von Radieschen, aber auch Jungpflanzen für die Beete und Rabatten kultiviert.
Wird ein Frühbeet weder gepackt noch technisch erwärmt, bezeichnet man es als kaltes Frühbeet oder kalter Kasten. Hier ist die Sonne die einzige Wärmequelle. Deshalb kann es je nach Klima nicht vor Mitte/Ende März benutzt werden. Der kalte Kasten dient vor allem zur zeitigen Aussaat der Salat- und Kohlarten, um Setzlinge zu erhalten, und zum Anpflanzen von Frühgemüsen, die mit geringer Bodenwärme auskommen. Auch für die Aussaat von verschiedenen zweijährigen Sommerblumen eignet sich der kalte Kasten ausgezeichnet. Das kalte Frühbeet braucht unbedingt einen warmen, sonnigen Standort und guten Windschutz. Nachts ist das Zudecken mit speziellen Schutzmatten sehr wichtig, damit die am Tag eingestrahlte Wärmeenergie möglichst lange erhalten bleibt. Zusätzliche Isolierung mit Styroporplatten oder ein Laubumschlag lässt möglichst wenig Kälte eindringen.

Mit Kunststofffolien das Gartenjahr verlängern

Kunststofffolien sind eine sehr nützliche Ergänzung für das Glas und haben viele Vorteile: Sie sind sehr leicht, lassen sich gut bearbeiten und bieten etwa gleichwertige Lichtverhältnisse. Außerdem sind sie staubdicht und beständig gegen Wetter, Wasser Dünge- sowie Pflanzenschutzmittel. Die meist verwendeten Folien bestehen aus Polyethylen (PE) und Polyvinylchlorid (PVC). PE-Folie weist je nach Stärke etwa 80 Prozent Lichtdurchlässigkeit auf (die Lichtdurchlässigkeit von Glas beträgt etwa 90 Prozent); UV-Licht wird 50 – 80 Prozent durchgelassen. Das hat einen positiven Einfluss auf den Geschmack bei Früchten und auf die Farbbildung bei Blüten, aber die UV-Strahlen lassen die Folie rasch brüchig werden. PVC-Folie hat eine Lichtdurchlässigkeit der sichtbaren Strahlen bis

Flachfolien werden mit ein paar Steinen oder Holzlatten fixiert, damit ein Windstoß sie nicht wegfegen kann.

etwa 90 Prozent, lässt aber UV-Strahlen nur zu einem geringeren Teil als bei PE-Folien durch. Deshalb sind PVC-Folien länger haltbar. Es gibt auch Folien mit Einlagen, zum Beispiel Gitterfolien mit Maschengewebe aus Perlon oder Nylon. Sie sind reißfester als einfache Folien, lassen aber weniger Licht durch und haben eine geringere Dehnfähigkeit. In Stahlgitterfolien wurde ein punktgeschweißtes, verzinktes Gitter eingeschlossen, das verschiedene Maschenweiten aufweisen kann. Die Durchlässigkeit ist etwas herabgesetzt, aber diese Folien haben längere Lebensdauer. Sie eignen sich zum Bau kleiner Tunnel oder zur Bespannung von Holzrahmen. Solche Rahmen können Sie ganz leicht selbst bauen. Sie lassen sich vor allem zum Bedecken von Frühbeeten anstelle von Glasfenster verwenden. Als Rahmenstärke genügen 3 x 2 cm. Sie können am Holzrahmen Drahtbügel anbringen, über die eine Folie gespannt wird.

Unter einer wärmenden Foliendecke entwickelt sich schon früh ein günstiges Mikroklima: Boden- und Luftfeuchtigkeit sind erhöht, die tagsüber aufgenommene Wärme geht nicht verloren und kalte Winde können nicht eindringen. Außerdem schützt die Folie die Jungpflanzen vor starken, lang anhaltenden Regenfällen, Hagel und Sturm. Auch lassen sich Ausfälle durch Frühfröste im Herbst verhindern. Folien in Form von Tunneln oder Zelten können darunter befindliche Pflanzen bis mindestens – 3 °C schützen. Ernteverfrühung bis zu drei Wochen ist durchaus möglich, aber auch die Ernte im Herbst lässt sich etwa sechs Wochen verlängern.

Die einfachsten Folien sind transparent, meist 0,05 mm stark und bestehen aus Polyethylen oder Polyvinylchlorid. Aus Gründen des Umweltschutzes sollte man bevorzugt Folien aus PE verwenden, denn sie können fast rückstandsfrei entsorgt und teilweise wieder verwertet werden. PVC-Folien enthalten chlorierte Kohlenwasserstoffe, die für die Umwelt eine Belastung darstellen. PE-Folien werden von Säuren, Laugen, Salzlösungen und Pflanzenschutzmitteln nicht angegriffen, verschmutzen auch weit weniger als solche aus PVC, sind jedoch nur ein Jahr haltbar.

Wichtig ist, dass die Folie gelocht oder geschlitzt ist, damit zwischen der Außen-

Linke Abbildung: Über einen einfachen Holzrahmen mit Drahtbügeln wird Folie gespannt. Rechte Abbildung: Der Rahmen dient als Fenster für ein selbst gebautes Holzfrühbeet, kann aber auch zum Bedecken von Saatbeeten verwendet werden.

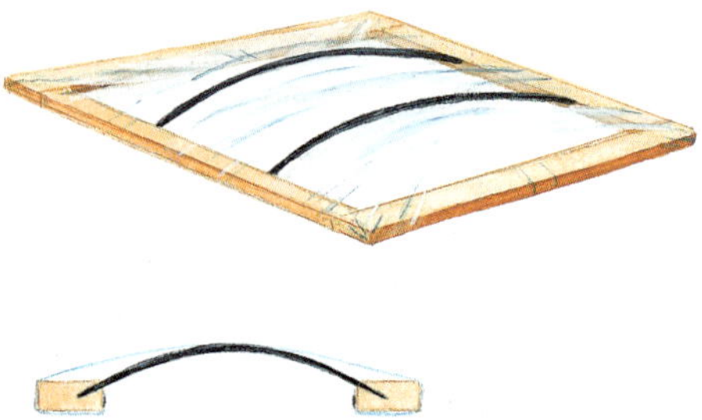

luft und dem Raum unter der Abdeckung ausreichend Gas-, Temperatur- und Feuchtigkeitsaustausch stattfinden kann.

Flachfolienkultur

Unter einer Bodenabdeckung aus Folie, Vlies und Netz wird die zum Wachstum der Kulturpflanzen benötigte Temperatur in kürzerer Zeit erreicht als im Freiland, weil tagsüber die Temperaturen rascher und höher ansteigen und nachts nicht ganz so tief sinken wie im Freien. Wenn Sie Ihre Kulturpflanzen unter einer Abdeckung ziehen, kann der Vorsprung bei Erntebeginn etwa 14 Tage betragen. Außerdem sind die Pflanzen vor Vogelfraß geschützt.

Lochfolien

Für Gartenbeete empfiehlt es sich, gelochte Flachfolie zu verwenden. Je nach Hersteller sind Lochfolien unterschiedlich perforiert, wobei 500 Löcher pro Quadratmeter wohl die Standardlochung ist. Durch diese Öffnungen kann die Feuchtigkeit abziehen, wodurch Fäulnis und Schimmel vermieden werden. Breiten Sie die nicht dehnbaren Lochfolien immer locker über das Beet, so dass schnell wachsenden Pflanzen genügend Platz bleibt. Befestigen Sie die Ränder gut, damit nicht ein Windstoß die Folie abhebt. Sie können sie mit Steinen oder Brettern beschweren oder mit Haken in der Erde verankern.
An warmen Tagen mit viel Sonne muss die Folie gelüftet werden, sonst steigt die Innentemperatur so weit an, dass die Pflanzen Schaden nehmen. Lüften Sie am besten vormittags, indem Sie die Folie beiseite räumen, und breiten Sie sie nachmittags wieder aus, bevor sich der Boden zu stark abkühlt.
Die Lochfolie sollte so lange über der Kultur bleiben, wie die Wetterverhältnisse es verlangen und die Pflanzen noch klein sind. Spätestens drei Wochen vor der Ernte brauchen die Pflanzen keinen Schutz mehr und die Folie wird an einem windstillen und bedeckten Tag abgenommen. Im Herbst kann sie länger über den Pflanzen bleiben, damit das Gemüse gut ausreift.

Schlitzfolien

Die Schlitzfolie ist eine Weiterentwicklung der Lochfolie. Sie ist mit etwa 35 000 winzigen versetzten Schlitzen pro Quadratmeter versehen, sehr elastisch und im Gegensatz zu Lochfolien stark dehnbar. Wegen ihrer

Lochfolien eignen sich sehr gut zur Ernteverfrühung auf flachen Beeten.

Dehnbarkeit wird sie auch als „mitwachsende Folie" bezeichnet. Sie passt sich tatsächlich dem Wachstum der Pflanzen entsprechend an und öffnet sich immer weiter, bis sie schließlich wie ein feines Netzwerk über den Gewächsen liegt, und kann deshalb bis zum Ende der Kultur über den Pflanzen belassen werden. Schlitzfolien sind allerdings weniger stabil und reißen leicht.
Schlitzfolien haben gegenüber den Lochfolien mehrere Vorteile. Der Luft-, Temperatur- und Feuchtigkeitsausgleich wird den Ansprüchen der Pflanzen entsprechend allmählich gesteigert. Dadurch braucht man nicht zu lüften. Der Regen dringt durch die Schlitze in den Boden, ohne dass er verschlämmt. Auch zum Gießen brauchen Sie die Folie nicht abzunehmen.

Schlitzfolie wird von Pflanzen hochgehoben und gedehnt. Sie „wächst" mit den Pflanzen mit. Es tritt mehr Luft ein, der Regen kann hindurchdringen.

Die Ränder sollten immer gut befestigt sein, damit der Wind keine Angriffsfläche hat. Für die Folienabnahme spielen verschiedene Faktoren wie Sorten und Witterung eine Rolle, deshalb ist es gut, eigene Erfahrungen zu sammeln. Sie können zum Beispiel Radieschen bis kurz vor Ernteende unter der Folie kultivieren, während man Kohlrabi und Salat bis vor der Ernte bedeckt belassen kann.

Vlies

Es handelt sich um lockere, textilähnliche Gespinste aus Kunststoffen wie Polyethylen (PE) oder Polypropylen (PP), die ähnliche Vorteile wie Loch- oder Schlitzfolien bieten. Aber im Gegensatz zu diesen ist bei Vliesen die gesamte Fläche wasser- und luftdurchlässig, so dass Regen oder Gießwasser über die ganze Fläche eindringen kann. Vliese brauchen wie Schlitzfolien nicht abgenommen zu werden. Sie dehnen sich aber nicht so stark und müssen mit einem gewissen Spielraum durch Falten der Ränder verlegt werden. Das Vlies muss man außen mit etwas Erde beschweren, wobei es nicht zu straff gespannt werden darf. Das Material hat eine Lichtdurchlässigkeit von etwa 75 Prozent. Die UV-Strahlendurchlässigkeit liegt bei 80 Prozent. Die Schattierwirkung beträgt 25 Prozent.

Vlies wirkt auch als Frostschutz: Die sich innen niederschlagenden Wassertröpfchen frieren und bilden eine Isolierschicht.

Vliese sind textilartige Gespinste aus Kunststoff, durch die Luft und Wasser dringen können. Sie zeichnen sich durch hohe Reißfestigkeit und das äußerst geringe Gewicht aus.

Weitere Vorzüge der Vliese sind die hohe Reißfestigkeit und das besonders geringe Gewicht. Ein Quadratmeter wiegt nur 17–18 g, während Lochfolien etwa 50 g/m² wiegen. Außerdem kann sich im Vlies der Wind nicht so leicht fangen. Anders als Folie bietet Vlies einen weiteren Schutzeffekt: Nach oben steigende Bodenfeuchtigkeit setzt sich an den vielen kleinen Poren des Vlieses fest und verschließt sie. Nachtfröste lassen die Tröpfchen gefrieren, so dass die gesamte Vliesfläche in einen hauchdünnen Eispanzer verwandelt wird. Dieser vermindert die Wärmeabstrahlung des Bodens. Die Erfahrungen zeigen, dass kurzfristiger Frost bis –7 °C die durch Vlies geschützte Pflanzen nicht schädigen kann. Vliese werden im Frühjahr zum Schutz von zeitig angebauten Gemüsearten verwendet, aber der Verfrühungseffekt ist nicht so hoch wie bei Folien. Im Frühsommer helfen Vliese empfindlichen Gemüsen wie Gurken oder Melonen, kühle Perioden unbeschadet zu überstehen. Im Herbst sollen sie späte Kulturen vor Austrocknung und Frost schützen. Vlies kann man länger auf den Pflanzen belassen als Folie.

Mulchfolie

Man kann statt mit natürlichen Materialien wie Stroh, Laub oder Kompost auch mit speziellen Folien mulchen. Diese nur Bruchteile von Millimetern dicke, meist schwarze Folie wird im Handel als Mulch-, Erdbeer- oder Gurkenfolie angeboten. Man kann mit ihr den Boden bedecken, damit die Erde feucht und warm bleibt, die Keimung beschleunigt wird. Davon profitieren vor allem Wärme liebende Gemüse wie Gurken, Zucchini, Melonen und Kürbisse, aber auch Erdbeeren, die dadurch rascher wachsen und früher reifen können (Ernteverfrühung bis zu 10 Tagen).

Mulchfolie bei Erdbeerpflanzung hat den zusätzlichen Vorteil, dass die Beeren ohne Bodenberührung schmutzfrei heranreifen und besser geerntet werden können. Wenn sich der Boden etwa Ende April genügend erwärmt hat, wird die Folie auf dem Beet verlegt und an den Rändern festgemacht. An den vorgesehenen Pflanzstellen werden kreuzweise Schlitze geschnitten und die Pflanzen eingesetzt. Wenn die Kulturpflanzen oberhalb der Folie wachsen, haben die Unkräuter kaum eine Chance, da

Die schwarze Mulchfolie wird auch als Erdbeerfolie bezeichnet. Sie schützt nicht nur den Boden vor der Austrocknung, sondern bewirkt auch, dass die Erdbeeren bis zu zehn Tage früher reifen.

Tipp

Mulchpapier ist eine umweltfreundliche Variante der schwarzen Mulchfolie.
Es wird aus Zellulose hergestellt, verrottet und kann untergegraben werden.

sie unter der Mulchfolie aus Lichtmangel eingehen. In die Kreuzschnitte muss flüssig gedüngt und auch die Wasserversorgung auf diese Weise sichergestellt werden.
Der Nachteil von Mulchfolie ist, dass sie den Schnecken ebenfalls Wärme und Feuchtigkeit bietet und diese Schädlinge anlockt.

Netze

Schutznetze werden im Gemüseanbau zur Abwehr von tierischen Schädlingen verwendet. Sie verhindern vor allem, dass Gemüsefliegen ihre Eier auf Kohlarten, Zwiebeln, Möhren, Lauch, Sellerie, Rettich und Radieschen ablegen können.
Daher ist der große Vorteil von Schutznetzen in der Schonung der Umwelt zu sehen, denn man kann weitgehend auf Pflanzenschutzmittel verzichten. Die Netze werden sofort nach dem Säen oder Pflanzen locker auf das Beet gelegt und müssen ringsherum dicht befestigt sein, damit kein Schlupfloch für Schädlinge bleibt; dazu wird rundum laufend mit Steinen oder Erde beschwert oder mit Kunststoffhaltern im Boden verankert.
Kunststoffnetze bestehen aus Polyethylen (PE) und werden in der Regel wie Folie und Vlies als Flachabdeckung über die Beete gebreitet. Die Kunststofffäden mit Gitterstruktur sind UV-stabilisiert. Die Maschengröße ist darauf ausgerichtet, dass Gemüsefliegenarten nicht eindringen können.
Verschiedene Hersteller bieten Maschenweiten von 1,35 x 1,35 mm, 1,8 x 1,8 mm und 1,6 x 1,2 mm. Die Netze wiegen zwischen 56 – 75 g/m². Sie sind in Breiten von 210 – 260 cm erhältlich und können 15 – 20 Mal eingesetzt werden. Die Netze bleiben während der ganzen Vegetationsperiode auf den Kulturen.

Folientunnel

Der Folientunnel hat eine ähnliche Wirkung wie ein Gewächshaus, nur mit dem Unterschied, dass er sehr einfach und schnell über einem Beet aufgebaut und auch leicht versetzt werden kann. Ein Folientunnel vereint die Vorzüge von Folie und Gewächshaus, sorgt für ein günstiges Kleinklima und kann an verschiedene Beetgrößen angepasst werden. Diese leichten Bauweisen sind im Fachhandel in verschiedenen Größen erhältlich. Eine normale Ausführung ist

Netze dienen vor allem zur Abwehr gefräßiger Schädlinge wie Gemüsefliegen, Erdflöhe und Kohlweißlinge.

Fertig-Folientunnel sind problemlos mit wenigen Handgriffen zusammensteckbar. Bei stabileren Modellen ist die Folie meist UV-stabilisiert.

etwa 130 cm breit und kann eine Beetbreite von 120 cm überspannen. Die Firsthöhe der Bügeltunnel sollte 80 cm nicht überschreiten, sonst kann der Windschutz problematisch werden.

Anders als Flachfolien haben Folientunnel einen geräumigeren Innenraum, in dem sich hoch wachsende Gemüse wie Zwiebeln ungehindert entwickeln. Unter der Überspannung mit Folie sind die Temperaturen um 2–4 °C höher als die Außenluft. Das ist in der Regel gegen Nachtfrost ausreichend. Fast alle Gemüsearten lassen sich unter Tunnel um etwa drei Wochen verfrühen.

Der Tunnel besteht aus stabilen, rostgeschützten, meist kunststoffummantelten Drahtbügeln, über die eine Folie gespannt ist. Besonders stabil sind Folientunnel durch doppelte Drahtbügel, zwischen denen die Folie eingespannt wird. Die lüftbaren Systeme haben sich gut bewährt.

Fertig-Folientunnel

Bei diesen Modellen gibt es verschiedene Möglichkeiten, die Folie zu öffnen, um zu belüften, zu gießen und zu ernten. Entweder wird der Tunnel angehoben oder man schiebt die Folie einfach hoch. Inzwischen bietet der Gartenfachhandel auch Modelle, die robust sind und eine UV-stabilisierte Folie haben, die mit zwei Reißverschlüssen schnell zu öffnen sind. Auch Leichtbau-Folientunnel sind erhältlich, die eine Breite von 120 cm haben und 3 m lang sind. Sie bestehen aus verzinkten Bügeln und einer gelochten Folie, unter der später nicht so oft gelüftet werden muss, der Boden jedoch rascher austrocknet. Diese leichten Tunnel sind wesentlich preiswerter als die stabileren Bauweisen. Eine 3 m lange Anlage ist im Gartencenter schon ab etwa 20 DM zu bekommen, während robustere Ausführungen von 130 cm Breite schon rund 100 DM kosten können. Es gibt Fertigtunnel, die durch aneinander Reihen einzelner Elemente einen Endlosbau ermöglichen, andere sind mit integrierten Vogelschutznetzen ausgestattet. Diese haben den Vorteil, bei teilweise oder gänzlich entfernter Folie die Kultur vor Vogelfraß zu schützen.

Eigenherstellung

Wer sich im Garten handwerklich betätigen und auch noch Kosten sparen will, kann sich ein mit Folie bespanntes Gestell ohne großen Aufwand selbst zusammenbauen. Damit können Sie Ihre Kulturen genauso gut schützen wie mit einem Fertigprodukt. Für die Tragkonstruktion werden 3–5 mm starke Eisendrähte oder -stäbe gebogen und 20 cm tief in den Boden gesteckt; der Abstand zwischen den einzelnen Bügeln sollte 1–2 m betragen. Um einen Tunnel von 120 cm Breite zu bauen, müssen die Drähte 250 cm

a. b. c.

Bau eines Folientunnels

a. Verzinkte Drähte werden gebogen und in den Boden gesteckt. Sie bilden die Unterkonstruktion.

b. Gelochte Folie wird über die Unterkonstruktion gezogen.

c. Die Folie wird mit Klammern, z.B. Wäscheklammern, an den Drahtbügeln befestigt. Die Folienenden werden mit Steinen auf den Boden gedrückt, so dass die Konstruktion bei Wind nicht davonfliegt.

lang sein; bei einer halbkreisförmigen Gestaltung ergibt sich eine Höhe von 65 cm. Über dieses Gerüst wird eine etwa 0,1 – 0,2 mm starke Folie gespannt, die entsprechend bemessen wird. Wenn Sie kunststoffummantelte Drähte verwenden, erhalten Sie bessere Stabilität, denn blanker Draht könnte die Folienbespannung beschädigen. Die Folie sollte zusätzlich an den Bügeln mit Plastikklammern befestigt werden. Statt Bügel können Sie auch Baustahlgeflecht von ausreichender Größe verwenden. In die entsprechende Form gebogen und über das Beet gesteckt, kann es mit Folie überzogen werden.

Weitere Konstruktionen

Folienzelte

Ähnliche Dienste wie ein Folientunnel leistet ein zeltförmiges Holzgerüst, das man aus Latten selbst bauen kann, und mit Folie bespannt. Man kann Folienzelte aus Bögen, die 20 mm stark sind, herstellen. Man muss nur darauf achten, dass man bequem darin stehen kann. Die Folie sollte 0,15 – 0,20 mm stark sein. Folienzelte können standfest oder beweglich gebaut werden.

Solche Konstruktionen können Sie auch im Fachhandel fertig kaufen. Inzwischen gibt es variable Formen, die ein Fundament aus Gartenbausteinen haben, die einfach zusammengesteckt und mit Bodenankern gesichert werden. Die Aluminium-Bügel sind variabel; man kann sie zunächst 80 cm hoch als Frühbeet einsetzen, später werden sie mit Hilfe von Aufsätzen auf etwa 165 cm Höhe umgebaut.

Flexible Bauweisen lassen sich auch kurzfristig einsetzen, um höhere Gewächse wie Tomaten oder Blütenpflanzen wie Dahlien vor dem Frost zu schützen. Folienzelte bilden je nach Größe schon fast den Übergang zu einem kleinen Gewächshaus.

Abdeckhauben

Für den Hausgarten gibt es verschiedene Formen von Folienschutzabdeckungen, die jeweils der einzelnen Kultur und den vorhandenen Möglichkeiten angepasst sind. Man zieht zum Beispiel Reifehauben über Tomatenstöcke, die geschlitzt, gelocht oder aus Vlies sind, damit sie vor Wind, Platzregen, Hagel, Kälte und Sonnenbrand schützen und gleichzeitig Licht, Luft und Feuchtigkeit durchlassen.
Geschlossene Folienschläuche sollten Sie nicht verwenden, damit Pilzerkrankungen nicht begünstigt werden. Folienhauben, gekauft oder selbst konstruiert, eignen sich auch für andere Wärme liebende Gemüsepflanzen wie Paprika, Auberginen und sogar für Weinstöcke.

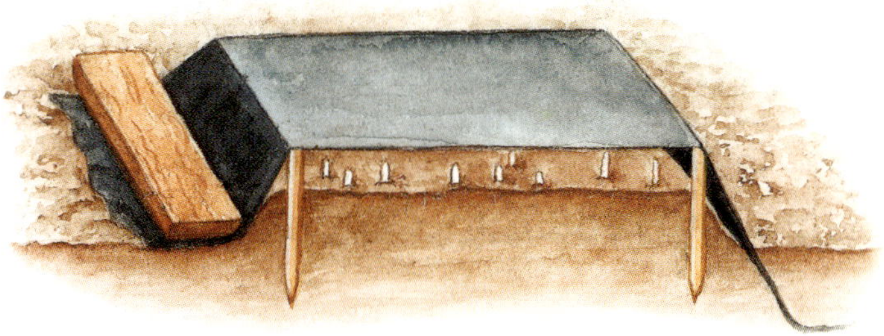

Mit Hilfe einer Abdeckung aus fester Schwarzfolie kann man Bleichspargel im eigenen Garten kultivieren, ohne Hügel zu formen. 12 Pflanzen decken etwa den Bedarf einer Person.

Tomatenreifehauben bestehen aus Lochfolie, die vor Kälte und Regen schützt und für schnelles, gesundes Wachstum sorgt.

Schwarzfolie

Unter Schwarzfolie lässt sich Bleichspargel leicht kultivieren, ohne dass man Dämme bauen muss. Die lichtundurchlässige Folie ist zwar relativ teuer, hat aber den Vorteil, dass darunter kein Unkraut wachsen kann, und sie sich mehrere Jahre verwenden lässt. Legen Sie das Spargelbeet in Nord-Süd-Richtung; graben Sie die Folie an der Westkante ein und befestigen Sie die Ostkante mit einem Brett, das auf dem Boden glatt aufliegt. Die Folie liegt auf Drahtbögen. Das Treiben bei Spargel beginnt, wenn in 25 cm Bodentiefe eine Temperatur von 12 °C erreicht ist. Die Folie braucht nicht gelocht zu sein. Sie können jeden zweiten Tag ernten, weil man die durchstoßenden Köpfe leicht sieht und diese sich nicht verfärben.

Pflegemaßnahmen für längere Haltbarkeit

Alle Konstruktionen aus Holz wie der Frühbeetkasten oder die Frühbeetfenster erfordern Pflege. Wenn Sie Ihre Anlage selbst bauen, sollten Sie kesseldruckimprägnierte Holzteile verwenden, um Fäulnis vorzubeugen. Sie können das Holz auch selbst imprägnieren, indem Sie die Einzelteile in einen Behälter mit der entsprechenden Lösung geben. Die Flüssigkeit kann dann von allen Seiten eindringen. Das Mittel kann auch durch mehrmals zu wiederholende Anstriche aufgetragen wer-

den. Sie sollten nur solche Imprägnieröle und -salze verwenden, die für Pflanzen unschädlich sind, zum Beispiel Holz-Fluid, Fungol in verschiedenen Farben. Achten Sie darauf, dass Sie nur Produkte mit dem RAL-Gütezeichen nehmen, da diese amtlich laufend kontrolliert werden.
Der Anstrich der Rahmen mit einem Holzschutzmittel ist alljährlich zu erneuern, da er von der feuchten Wärme der Frühbeete sehr mitgenommen wird. Diese Arbeiten sollten Sie am besten am Ende des Kulturjahres ausführen, damit im Frühjahr keine Gefahr mehr für die Pflanzen besteht. Die Fenster sollten auch von eventuell vorhandenen Algenbelägen befreit und desinfiziert werden. Zerbrochene Scheiben müssen sofort ersetzt werden. Da das Glas im Laufe der Zeit verschmutzt, wird die Licht- und Wärmeeinstrahlung merklich geschwächt. Handelt es sich um Schlammspritzer nach starken Regenfällen, genügt eine Reinigung mit Wasser, die einige Male im Jahr durchgeführt werden sollte. Verschmutzungen durch Umwelteinflüsse, Industriestaub und Ruß erfordern eine gründlichere Reinigung. Der Fachhandel bietet Mittel, die sich für diesen Vorgang eignen. Da aber diese Produkte in der Regel saure Eigenschaften haben, sind sie für Pflanzen schädlich. Deshalb ist Herbst die beste Zeit für diese Art von Reinigungsarbeiten. Wenn Sie Schattierfarbe verwendet haben, lässt sich diese mit 5-prozentiger Oxalsäure entfernen. Auch an die eigene Gesundheit sollten Sie denken und immer Gummihandschuhe und Schutzbrille tragen.
Auch Kunststoffe müssen gereinigt werden, am besten mit Wasser, dem ein Spülmittel beigemischt wurde. Chemische Mittel, Benzin, Alkohol und Azeton sind nicht zu empfehlen, denn Kunststoffe, die ebenfalls chemische Produkte sind, können sich in diesen Flüssigkeiten sogar auflösen. Verwenden Sie auch keine Sand- oder Schmiergel enthaltende Mittel, da sie die Oberfläche aufrauen, die dann unansehnlich und schmutzempfindlicher wird. Besonders Folien müssen schonender behandelt werden, damit sie länger halten. Schon bei der Verarbeitung sollten Sie darauf achten, die Folie nicht zu straff zu spannen, um die Haltbarkeit nicht zu beeinträchtigen. Bei Tragegerüsten aus Metall sind verzinkte, kunststoffummantelte oder gestrichene Materialien vorzuziehen, damit die Folie durch Rost nicht verschmutzt; die Oberfläche muss glatt sein. Rohre eignen sich besonders gut, da sie keine scharfen Kanten haben. Holzgestelle werden vor dem Bespannen gehobelt. Verschmutzte Folien werden mit klarem Wasser gewaschen und mit einem nassen Tuch abgewischt. Bei starker Verschmutzung kann man ein Feinwaschmittel verwenden. Wenn Sie die Folie abnehmen, weil sie nicht mehr gebraucht wird, empfiehlt sich lichtgeschützte Aufbewahrung. Legen Sie die Folie über eine Rundholzstange, damit keine Falten und Knicke entstehen. Bei der Verarbeitung oder Pflege sollten Sie die Folie nicht mit Schuhen betreten. Ist in Folien ein Riss oder Loch entstanden, muss die Stelle sofort repariert werden. Für schnelle Reparaturen kann man gewöhnliches Klebeband verwenden. Dauerhafter lassen sich PVC-Folien mit Kunststoffklebern verkleben. Die zu reparierenden Stellen müssen zuvor gründlich gesäubert werden. Folienstärken ab 0,10 mm sollte man besser verschweißen.

Vorbereitung und Handhabung

In einem Frühbeet und auch unter Folie sind die Pflanzen ganz anderen klimatischen Bedingungen ausgesetzt als in einem gewöhnlichen Gartenbeet. Da sie auf natürliche Weise kein Wasser erhalten, müssen sie regelmäßig gegossen werden. Auch die natürlichen Lichtverhältnisse sind sehr unterschiedlich und im Winter muss man künstlich Wärme zuführen. Daher sind Pflanzen unter Glas und Folie von der Pflege besonders abhängig.
Nur wenn die Wachstumsfaktoren Licht, Luft, Wärme und Feuchtigkeit in einem ausgewogenen Verhältnis zueinander vorliegen, können die Pflanzen ein optimales Wachstum zeigen.

Saatrillen im vorbereiteten Boden ermöglichen eine gleichmäßige Aussaat, so dass die Pflänzchen sich später im Schutz von Vlies und Folie in entsprechendem Abstand entwickeln können.

Bodenbearbeitung

Nachdem Sie sich für eine bestimmte Frühbeetform oder für Folienkultur entschieden haben, müssen Sie die Anlage entweder im Gartenfachhandel fertig kaufen oder Ihr handwerkliches Talent unter Beweis stellen. Leichte oder bewegliche Bauweisen werden einfach über Beete platziert, während der Boden in einem ortsfesten Frühbeet vorbereitet werden muss. Ist die Erde zur Bestellung fertig, kann gesät und gepflanzt werden. Damit die Frühbeetkulturen ein Erfolg werden, sollte man einiges über deren Behandlung wissen. Welche Kulturerden eignen sich für Frühbeete und welche Nährstoffe brauchen sie? Wie gießt man richtig, damit die Pflänzchen nicht verdursten, aber auch nicht verfaulen? Sehr wichtig ist die Lüftung zur Temperaturreduzierung, der Lufterneuerung, zum Abhärten der Pflanzen und für den Luftfeuchtigkeitsgehalt. Auch sollte man rechtzeitig beschatten, damit Pflanzen nicht von der Sonne verbrannt werden oder aber das Frühbeet zudecken, um die Gewächse vor Nachtfrösten zu schützen. Wenn Sie diese Punkte beachten, können Sie Ihr Gemüse früher als andere genießen und Ihre Sommerblumen erfolgreich vorziehen.

Herrichten der Kulturerde

Für Frühbeete brauchen Sie gute Erde, der man reichlich Düngetorf beimischt, da

dieser die Wurzelbildung fördert. Sie können auch normale Gartenerde mit Torfkultursubstrat überziehen. Die Kulturerde muss vor der Aussaat oder Pflanzung entseucht werden. Man beginnt damit etwa 12 Wochen vor der Bestellung, jedoch nicht später als Ende Oktober, da zu niedrige Temperaturen die vollständige Umsetzung verhindern. Die Erde wird gut angefeuchtet und man mischt pro Kubikmeter 3 kg ungeölten Kalkstickstoff zu; dabei wird mehrmals umgeschaufelt. Alle vier Wochen wird erneut durchgeschaufelt. Man kann auch auf die gut angefeuchtete Erde 100 – 150 g/m² Kalkstickstoff streuen und flach einharken. Behandelte Erde darf nicht austrocknen. Man setzt sie deshalb auf einen mietenartigen Haufen und deckt sie mit Düngetorf ab, damit weniger Wasser verdunstet. Wenn Sie die Erde zur Anzucht verwenden wollen, ist sie keimfrei. Der Kalkstickstoff wirkt nicht nur desinfizierend, sondern auch als Stickstoffdüngung, so dass man später geringere Mengen Mineraldünger zugibt. Einfacher ist es, statt Erde ein Torfkultursubstrat zu nehmen. Es muss nicht desinfiziert werden, da es frei von Krankheitskeimen und Unkrautsamen ist. Für das Frühbeet eignet sich auch die Einheitserde, die im Fachhandel und beim Gärtner erhältlich ist. Achten Sie beim Kauf darauf, dass auf der Packung die Herstelleraufschrift und eine Garantie der LUFA (Landwirtschaftliche Untersuchungs- und Forschungsanstalten) zu erkennen sind.
Ob Sie Erde verwenden oder ein Torfkultursubstrat, füllen Sie das Material lose in den Kasten ein und drücken Sie es nicht fest. Die Erde für Frühbeete wird vor dem Gebrauch durchgesiebt und gleichmäßig etwa 20 cm hoch im Kasten ausgebreitet. Harken Sie die Erde vor der Bestellung noch einmal durch und ebnen Sie sie ein. Dann ist Ihr Frühbeet zur Ansaat und Bepflanzung fertig.

Schlämmprobe (von links nach rechts): Sandboden, Tonboden, Lehmboden

Bodenarten

Bei Wanderkästen oder Folienkultur müssen Sie den Boden bestellen, den Ihr Garten hergibt. Dazu sollten Sie wissen, welche Bodenart vorliegt. Böden sind sehr unterschiedlich zusammengesetzt. Neben reinem Ton-, Lehm- und Sandboden gibt es alle möglichen Übergangsformen. Mit Hilfe der so genannten Schlämmprobe können Sie die verschiedenen Bodenarten leicht selbst bestimmen. Dazu füllt man ein großes Glas etwa 1 cm dick Erde aus der oberen Bodenschicht im Garten. Dann wird das Glas mit Wasser aufgefüllt, dicht verschlossen und gut geschüttelt, bis sich die Erde aufgelöst hat. Am Schluss stellt man das Glas hin, damit sich die Bodenpartikel setzen können. Da die Erdteilchen unterschiedliche Sinkgeschwindigkeit haben, lagern sie sich in Schichten ab. Sandteilchen setzen sich bereits nach wenigen Minuten ab, Ton dagegen setzt sich später und Humus zum Schluss ab. Bei hohem Ton- und Humusanteil kann dieser Vorgang mehrere Tage dauern.

Sandböden sind leichte Böden, die gut belüftet und wasserdurchlässig sind. Im Frühjahr erwärmt sich der Boden schnell, so setzt das Wachstum besonders rasch ein. In der lockeren Erde können sich die Wurzeln gut ausbreiten. Daher sind Sandböden gut geeignet für den Anbau von Wurzelgemüse wie Möhren, von Gurken und anderen Kürbisgewächsen sowie Bohnen. Da Nährstoffe und Wasser schlecht gespeichert werden, sind Sandböden nährstoffarm und trocknen rasch aus und empfehlen sich nicht für die Kultur von Tomaten und Kohlgemüse, die laufend Nährstoffe und viel Wasser brauchen. Durch Beimischung von Tonmineralen, die sich durch eine große Wasserspeicherkapazität auszeichnen, lassen sich Sandböden verbessern. Dadurch werden weniger Nährstoffe ausgewaschen und die Bodenlebewesen gefördert.

Tonböden sind schwere Böden mit zu dichten Schichten gepackten Erdteilchen. Dadurch ist ein Tonboden schlecht durchlüftet und neigt zu Staunässe. Nach Regenfällen trocknet er nur langsam und erwärmt sich im Frühjahr nur zögernd. Außerdem lässt er sich schwer bearbeiten. Obwohl Tonböden andererseits sehr nährstoffreich sind und viel Wasser speichern können, sagen sie den meisten Gemüsearten nicht zu. Nur Kohlgemüse profitiert von seinen Vorzügen. Tonböden müssen regelmäßig aufgelockert werden. Dazu wird der Boden umgegraben und Sand eingearbeitet. Auch Lavagranulat, das auf die Oberfläche ausgebracht wird, trägt zur Verbesserung des Bodens bei. Eine gute Bodenlockerung erreichen Sie auch durch das Einarbeiten von viel Kompost, zerkleinertem Stroh und Stallmist.

Lehmböden sind mittelschwere Böden, die die Vorteile von Sand- und Tonböden vereinen. Der Sandanteil wirkt lockernd und belüftend, der Tonanteil wasser- und nährstoffspeichernd. Durch dieses ausgewogene Verhältnis sind Lehmböden ideal für alle Gemüsearten. Diese positiven Eigenschaften lassen sich durch schonende Bodenbearbeitung, regelmäßige Zufuhr von humusreichen Stoffen und Mulchdecken erhalten und verstärken.

Mit Hilfe von Teststreifen kann man den pH-Wert des Gartenbodens feststellen.

Säuregehalt

Neben der Bodenart ist auch der pH-Wert (Säuregehalt) des Bodens und damit auch seine Kalkversorgung wichtig. Dieser Wert lässt sich durch verschiedene im Handel erhältliche Bodenprobesets leicht ermitteln. Der pH-Wert kennzeichnet auf einer Skala von 0–14 eine saure, neutrale oder basische (alkalische) Reaktion des Bodens.

Düngen

In einer Kulturfolge muss der Nährstoffentzug durch gezielte Düngung ergänzt werden. Man muss darauf achten, dass es zu keiner Unterversorgung, aber auch zu keinem Überangebot kommt.
Bei Nährstoffmangel werden die Pflanzen schwach und meistens anfällig für Schädlinge und Krankheiten.
Zu hohe Düngergaben schaden Pflanzen ebenfalls und die Nährstoffe gelangen teilweise ungenutzt in den Boden und ins Grundwasser.

Bei Dünger unterscheidet man zwischen organischen und mineralischen Düngemitteln.

Mineralische Dünger

Es sind Salze, die von den Gewächsen rasch aufgenommen und verwertet werden. Mit mineralischer Düngung kann man gezielt auf den Bedarf der Pflanzen eingehen, die benötigten Nährstoffe dann verabreichen, wenn sie gebraucht werden, und die Mengen so dosieren, dass Gemüse zur Erntezeit nicht unnötig viel Nährsalze gespeichert hat; das kann unter Umständen sogar gesundheitsschädigend sein. Vor allem sollte man nicht zu viel Stickstoff zuführen, da einige Gemüsearten wie Salat und Spinat Nitrate anreichern, die in die schädlichen Nitrite umgewandelt werden können.
Wird der Dünger zu konzentriert gegeben, kann es zu einer Überdüngung kommen. Zu viele Salze lassen die Wurzeln und die Blätter verbrennen, deshalb verabreicht man Mineraldünger in mehreren Gaben.

Nach dem Auspflanzen der Salatpflänzchen ist eine bedarfsgerechte Düngung wichtig, damit keine Nitrate angereichert werden, die in schädliche Nitrite umgewandelt werden.

Organische Dünger

Organische Düngemittel sind zum Beispiel Stallmist (auch getrocknet und gekörnt), Kompost, Gründüngung, Knochenmehl, Hornspäne sowie Mischprodukte mit Humusstoffen.
Bei der organischen Düngung verlaufen die Vorgänge anders als bei der mineralischen. Organische Düngemittel ernähren hauptsächlich die Bodenlebewesen, so dass die Pflanzen ihre Nährstoffe erst dann erhalten, wenn die Naturstoffe durch die Bodenorganismen umgesetzt werden. Sie wirken im Allgemeinen langsam und nachhaltig.
Mit organischen Düngern kann man kaum etwas

falsch machen, da sie langsam und schonend wirken. Der Nachteil ist, dass ihre Wirkung sich nicht so genau vorausberechnen lässt. Wenn Sie tierische oder pflanzliche Produkte verwenden, müssen Sie Ihre Pflanzen genau beobachten, um deren Bedürfnisse zu erkennen.

Jungpflanzen im Frühbeet sollte man mit einer feinen Brause gießen, damit die Erde nicht verschlämmt wird.

Die Nährstoffe

Stickstoff

Ohne Stickstoff können Pflanzen nicht existieren. Er wird vor allem zum Aufbau von Eiweiß benötigt. Stickstoff fördert das Wachstum der Triebe und Blätter. Stickstoffmangel führt zum Kümmerwuchs, zur Vergilbung der Blätter, zu kleinen Früchten.
Die Folge einer Überdüngung sind Geilwuchs, blaugrüne Blattfarbe, schwammiges Gewebe und hohe Anfälligkeit für Schädlinge und Krankheiten.

Phosphor

Phosphor ist ebenfalls ein wesentlicher Pflanzenbaustein für Stoffwechsel, der die Bildung von Blüten, Samen und Frucht fördert. Bei Mangel kommt es zur Blühverzögerung, zu kleinen Blüten. Die Blätter werden rötlich bis braunviolett. In gut gedüngten Böden tritt Phosphormangel kaum auf.

Kalium

Kalium, auch Kali genannt, ist wichtig für ein festes Gewebe und den Stoffwechsel, steuert unter anderem den Wasserhaushalt und verhindert, dass die Pflanzen austrocknen. Außerdem beeinflusst er den Geschmack und die Haltbarkeit von Gemüse.
Bei Kaliummangel bekommen die Blätter braune Ränder und fallen bald ab. Die Pflanzen zeigen allgemein einen Kümmerwuchs. Vor allem auf Tonböden kommt es oft zur leichten Unterversorgung.
Außerdem braucht der Boden Magnesium, das auf die Bildung von Blattgrün wirkt. Bei Mangel rollen sich die Blattränder ein, untere Blätter werden gelblich mit grünen Blattadern. Magnesiummangel kommt auf stark sauren Böden vor.
Eisen, Mangan, Kupfer, Zink, Molybdän, Schwefel, Chlor und Bor sind Spurenelemente, die für das Pflanzenwachstum mit unterschiedlichen Funktionen in sehr geringen Mengen benötigt werden.

Gießen

Die Bewässerung der Kulturen unter Glas und Folie muss den Bedürfnissen der Pflanzen sowie der Witterung angepasst werden. Auf jeden Fall sollten Sie vermeiden, zu viel zu gießen. Je trüber und kälter das Wetter ist, umso weniger darf gegossen werden. Bei sonnigem Wetter nimmt die Verdunstung zu, daher muss intensiver gewässert werden. Sie sollten sich nie darauf verlassen, wie feucht die Erde aussieht, sondern fühlen, wie viel Feuchtigkeit noch darin enthalten ist. Aber zu wenig Wasser ist für Pflanzen ebenfalls nachteilig. Wenn die Wurzeln nicht ausreichend Feuchtigkeit erhalten, können sie sich nicht richtig entwickeln. Deshalb sollten Sie etwa eine Viertelstunde nach dem Wässern kontrollieren, ob das Wasser tief genug in den Boden eingedrungen ist. Die beste Gießzeit ist der Vormittag, später als Mittag darf man auf keinen Fall gießen, denn die Pflanzen müssen nachts trocken sein, damit sie nicht abkühlen und faulen. Bei sehr warmem, sonnigem Wetter muss oft am frühen Nachmittag ein zweites Mal gegossen werden. Für die Aussaaten brauchen Sie eine ganz feine Brause, solange die Sämlinge noch klein sind. Größere Topfpflanzen werden einzeln ohne Brause gewässert.
Da die Pflanze erst von einer bestimmten Bodenwärme an Nährstoffe aufnimmt, sollte man nie mit kaltem Leitungswasser gießen; das Gießwasser darf nicht kälter als 18 °C sein. Abgestandenes Wasser oder Regenwasser ist immer besser. Aber achten Sie darauf, dass Regentonnen und andere Behälter immer gut schließen, weil Sammelbehälter stark veralgen können, wenn sie dem Tageslicht ausgesetzt werden. Außerdem dienen verschließbare Tonnen der Sicherheit, wenn Kinder und Haustiere im Garten sind. Für die meisten Kulturen eignet sich mittelhartes Gießwasser, aber einige sind sehr kalkempfindlich und brauchen kalkfreies Wasser, zum Beispiel Regenwasser.

Wenn Sie im Garten genug Platz haben, sollten Sie eine Regentonne aufstellen, denn gerade kalkempfindlichen Pflanzen bekommt das Regenwasser besonders gut.

Lüften

Im Frühbeet dient die Lüftung zur Temperaturreduzierung, zum Luftaustausch, zur Regelung des Luftfeuchtigkeitsgehaltes und gewöhnt die ausgesäten oder im Topf gepflegten Pflanzen allmählich an die Außenluft. Die Gewächse sollen abgehärtet werden, damit sie sich den Verhältnissen ihres künftigen Standortes anpassen. Wichtig ist die Dosierung der Luftzufuhr, denn wenig Luft ergibt schwächelnde, ausreichend Luft kräftige Pflanzen. Die Lufterneuerung muss allmählich erfolgen. Bei Direktaussaat wird sofort nach der Entwicklung der beiden

Das Lüften von Frühbeeten dient nicht nur zur Temperaturreduzierung und zum Luftaustausch, sondern gewöhnt Jungpflanzen langsam an die Außenluft, bevor sie ganz ins Freie umziehen.

Keimblätter der Sämlinge gelüftet und zwar bei windstillem Wetter und 5 °C im Freien, besonders wenn die Sonne scheint. Am ersten Tag öffnet man das Fenster ganz wenig und lüftet, indem man ein Lüftungsholz zwischen Kastenwand und Fenster einklemmt. Jetzt beginnt ein langsamer Luftaustausch. Lufthölzer können drei- oder mehrstufig sein, um die Luftmenge variieren zu können. Die Luftzufuhr wird jeden Tag etwas erhöht, indem man das Fenster etwas höher stellt. Schließlich müssen bei Gemüse- und Blumensämlingen die Fenster an warmen Tagen ganz abgenommen werden. Einfacher geht die Lüftung mit selbst lüftenden Frühbeetfenstern und mit automatischen Fensteröffnern. Richtiges Lüften ist weitgehend eine Sache der Erfahrung, wobei man sich oft auf sein Gefühl verlassen muss. Wenn Sie aber noch Anfänger sind oder alles wirklich richtig machen wollen, sollten Sie zwei Thermometer verwenden. Eines wird 5 cm tief in den Boden gesteckt und ein zweites soll die Luftwärme im Frühbeetkasten anzeigen. So können Sie kontrollieren, falls die Boden- und Luftwärme bei sonnigem Wetter plötzlich zu hoch steigen. Wenn die Bodentemperatur über 20 °C liegt, muss auch an kühleren Tagen gelüftet werden.

Beschatten

Die Sonnenstrahlen im zeitigen Frühjahr fallen schräg ein und können den Pflanzen im Frühbeet kaum schaden. Wenn die Sonne aber höher steigt, wirken ihre Strahlen unter den Frühbeetfenstern immer stärker, so dass man die Gewächse vor Schäden schützen muss.

Bei Frost schützen Strohmatten, die über den Kasten ausgebreitet werden, das Innere des Frühbeets vor strenger Kälte.

Durch Lüften wird dieser Zweck nur zum Teil erreicht, deshalb ist eine Schattiervorrichtung notwendig. Zu welcher Zeit man für Schatten zu sorgen hat, hängt von der Witterung ab. Je heller die Sonne und je höher die Luftwärme ist, umso früher muss Schatten gelegt werden. Bei windigem, aber sonnigem Wetter kann das Beschatten etwas später erfolgen, an trüben Tagen ist es überhaupt nicht nötig. Am Anfang des Jahres wird gegen 11 Uhr schattiert und um 14 Uhr wieder abgedeckt. Bis Mitte Mai muss die Schattierung schon um 10 Uhr erfolgen und wird erst 15 Uhr, später 16 Uhr entfernt. In der Sommerzeit verschieben sich die Zeiten auf 9–17 Uhr. An Tagen mit wechselnder Bewölkung ist das richtige Beschatten besonders wichtig.
Für das Beschatten von Frühbeeten eignen sich am besten spezielle Schattierfolien, die im Fachhandel erhältlich sind. Sie werden einfach über die Fenster gebreitet und lassen sich auch schnell entfernen. Schattierfarbe, die für Gewächshäuser häufig verwendet wird, eignet sich für Frühbeetfenster nicht so gut, weil man sie nur durch Abwaschen entfernen kann.

Großmaschige Netze bieten Gemüsekulturen keinen Schutz vor Schädlingen. Auch müssen Schutznetze ringsum absolut dicht befestigt sein, damit Gemüsefliegen und Schmetterlinge nicht eindringen können.

Zudecken

Durch Zudecken kann man die Frühbeetkulturen vor Frost und starker Abkühlung schützen. Je größer der Temperaturunterschied zwischen der Außenluft und dem Frühbeet nachts oder an kalten Frühlingstagen ist, umso stärker wird sich der Kasten abkühlen. Große Temperaturschwankungen hemmen das Wachstum der Pflanzen.
Sie können das Frühbeet durch Auflegen von Noppen- oder Doppelstegfolie, deren Luftkammern wärmedämmend wirken, isolieren. Diese Folien sind preiswert und in unterschiedlicher Qualität in gut sortiertem Fachhandel erhältlich; verschiedene Fabrikate sind UV-stabilisiert und haben bis zu 5 Jahren Garantie. Die Breiten variieren zwischen 150 und 200 cm.
Auch eine dicke Laubpackung oder Schilfrohrmatten schützen das Innere des Frühbeets vor strenger Kälte.

Pflanzenschutz und -hygiene

Unter Glas und Folie herrschen günstigere Lebensbedingungen als im Freiland, die nicht nur den Pflanzen zugute kommen, sondern auch den Schädlingen und Krankheitserregern. Mit vorbeugenden Maßnahmen

können Sie deren Auftreten verhindern oder zumindest gering halten.
Durch richtige Kultur und gute Pflege erhalten Sie gesunde, kräftige Pflanzen, die für Schädlinge und Krankheiten weniger anfällig sind. Sorgen Sie dafür, dass die Gewächse nicht nur ausreichend Nahrung und Wasser bekommen, sondern auch immer genügend Licht. Daher sind verschmutzte Fenster sofort zu reinigen, Algenbeläge an den Fensterrahmen zu entfernen. Verwenden Sie nach Möglichkeit keine chemischen Mittel, die pflanzenschädigend wirken.
Eine weitere vorbeugende Maßnahme ist regelmäßiges und ausreichendes Lüften. Viele Schädlinge und Krankheitserreger haben dann kaum eine Chance sich auszubreiten. Verwenden Sie für die Aussaat immer keimfreies Substrat, am besten fertige Anzuchterde, die im Gartenfachhandel erhältlich ist. Auch die Erde im Frühbeetkasten sollte desinfiziert werden, am besten mit Kalkstickstoff, der 14 Tage vor der Saat bzw. Pflanzung in den Boden eingearbeitet wird.
Schädlinge können oft ganz leicht von außen eindringen. Ist der Folientunnel nicht gut abgedichtet oder bei geöffneten Frühbeetfenstern erreichen zum Beispiel Schnecken ganz schnell die zarten Pflänzchen.

Schädlinge und Krankheiten

Bei aller Pflege und den vorbeugenden Maßnahmen können weder Freilandkulturen noch Pflanzen unter Glas und Folie vor Schädlingen und Krankheiten absolut geschützt bleiben. Einige Schädlinge und Krankheitserreger fühlen sich bei den hier gebotenen Bedingungen besonders wohl, wenn sie sich erst einmal Eintritt verschafft haben. Daher werden im Folgenden einige Plagegeister und Erkrankungen vorgestellt, die Pflanzen im Frühbeet und unter Folie bzw. Vlies und Netz befallen können.

Schädlinge

Weiße Fliegen

Die Weiße Fliege oder Mottenschildlaus ist mit Blattläusen verwandt. Die winzigen saugenden Insekten legen ihre Eier auf die Blattunterseiten. Sowohl die Larven als auch die erwachsenen Tiere ernähren sich von Pflanzensaft und hinterlassen klebrige Ausscheidungen, auf denen sich Pilze ansiedeln. Besonders trockene Luft fördert ihre Ausbreitung. Vor allem unter Folientunneln und Abdeckhauben befällt die Weiße Fliege Tomaten, Paprika und Gurken.
Zur Vorbeugung wird die Luftfeuchtigkeit erhöht und ausreichend gelüftet. Bei starker Sonneneinstrahlung sollte möglichst schattiert werden. Auch Gelbtafeln sind gegen Weiße Fliegen sehr nützlich. Man kann Nützlinge wie Schlupfwespen der Art *Encarsia formosa* einsetzen. Geschädigte Blätter sind zu entfernen und zu vernichten.

Blattläuse

Blattläuse machen auch vor Frühbeeten und Folienbauten nicht Halt. Sie saugen an jungen Blättern und Triebspitzen und hinterlassen Ausscheidungen, auf denen sich oft Rußpilze ansiedeln und die Pflanze schädigen. Besonders nach milden Wintern und schönem Frühlingswetter ohne Spätfröste treten diese Insekten oft massenhaft auf.
Bei Befall hilft schon das Abspritzen mit einem starken Wasserstrahl sowie Spritzungen mit einer Schmierseifenlösung. In Folientunneln können Sie zur Bekämpfung Nützlinge wie Marienkäfer

Erdflöhe sind winzige Käfer, die vor allem Löcher in die jungen Blätter fressen.

(Larven und erwachsene Tiere), Flor- und Schwebfliegen und Raubwanzen einsetzen. Auf chemische Spritzmittel sollten Sie aus Umweltschutzgründen besser verzichten.

Erdflöhe

Das sind etwa 2 mm lange dunkle Blattkäfer, die Löcher in Keimblätter und junge Blätter fressen. Gefährdet sind vor allem Radieschen, Rettiche, Kohlgemüse und Kresse.
Insektenschutznetze bewahren junge Pflanzen vor diesem Schädling, müssen aber rundherum dicht angebracht werden. Da der Käfer trockene Wärme liebt, sollten Sie den Boden immer feucht und gemulcht halten. Eine Mischkultur von Salat und Spinat hat sich bewährt.

Raupen

Verschieden Schmetterlinge legen ihre Eier an Gemüse ab. Die Raupen ernähren sich von den Wurzeln und Blättern und können sogar die Pflanzen kahl fressen. Erdraupen, Larven verschiedener Eulenfalterarten, fressen an Kohl, Möhren, Spinat und Salat, besonders in frisch gepflanzten Kulturen. Die Raupen des Kohlweißlings befallen vor allem Kohlpflanzen und fressen sich bis zu den Herzblättern durch.
Insektenschutznetze, die während der Flugzeit der Falter im April/Mai über die Kulturen gespannt werden, stellen ein sicheres Abwehrmittel dar, denn die Schmetterlinge können ihre Eier nicht auf Gemüse ablegen.
Bei einem Befall sollten Eier und Raupen regelmäßig abgesammelt werden.
Bei starkem Auftreten empfiehlt sich eine Spritzung mit Bacillus-thuringiensis-Präparaten

Gemüsefliegen

Ob Bohnenfliege, Möhrenfliege, Kohlfliege oder Rettichfliege – sie alle fühlen

Die Larven von Gemüsefliegen, hier Kohlfliegenlarven, zerstören durch Fraßgänge die Wurzeln und Stängel der Pflanzen.

sich an windstillen, warmen Plätzen wohl. Ihre weißlichen Larven fressen an verschiedenen Gemüsen und können die Pflanzen zum Absterben bringen. Ganz häufig werden Keimlinge befallen.
Wenn Sie die Pflanzen im Haus vorziehen, können Sie die Flugzeiten Ende April/ Anfang Mai umgehen. Gefährdete Kulturen sollten Sie während der Flugzeit sorgfältig mit Insektenschutznetzen abdecken.

Verdrehte und gekrümmte Blattstiele zeigen, dass die Kohlpflanze von Kohldrehherzmücken befallen ist.

Trauermücken

Die 2–3 mm großen Insekten halten sich gerne dort auf, wo es feucht und warm ist, vor allem in Frühbeeten und Gewächshäusern. Die Eier werden in der Nähe der Stängel und Wurzeln abgelegt. Die weißen Larven fressen im Wurzelbereich und verursachen Fäulnis. Kurz nach der Aussaat können schon Schäden auftreten. Gelbe Tafeln oder Sticker, die rechtzeitig angebracht werden, schaffen gute Abhilfe. Außerdem sollten Sie nur keimfreie Anzuchterde verwenden.

Kohldrehherzmücken

Die winzigen hellbraunen Gallmücken treten in den Sommermonaten auf allen Kohlpflanzen auf. Sie haben eine besondere Vorliebe für die weichen Herzblätter junger Pflanzen, wo die Weibchen ihre Eier ablegen. Die Larven saugen die Blattstiele an, die sich verdrehen und krümmen, daher der Name. Das Herz der Kohlpflanze stirbt meist ab.
In regenreichen Sommern treten diese Schädlinge besonders häufig auf.
Das Abdecken mit Netzen ist die beste Abwehr.

Spinnmilben

Diese winzigen auch als Rote Spinne bekannten Insekten sind sehr aggressiv und verbreiten sich in kurzer Zeit massenhaft. Dabei überziehen sie die Blattunterseiten mit einem feinen Gespinst. Sie saugen die Blattzellen aus, bis die Blätter schließlich welken. Ihre Ausbreitung wird durch trockene Luft und hohe Temperaturen gefördert.
Dieser für Gewächshäuser typische Schädling kann auch im Frühbeet und Folientunnel auftreten. Deshalb sind hohe Luftfeuchtigkeit und gute Durchlüftung wichtige vorbeugende Maßnahmen. Bereits befallene Pflanzen sollten mit Schachtelhalmbrühe gespritzt werden. Raubmilben können als Nützlinge zur Bekämpfung eingesetzt werden.

Ameisen

Ameisen richten auch im Frühbeet und unter Folie Schaden an. Sie zerbeißen reife Früchte, fressen an zarten Blättern und Blüten-

stielen. Arten, die im Boden ihr Nest anlegen beeinträchtigen die Wurzeln.
Zur Bekämpfung müssen die Königinnen in den Nestern abgetötet werden, weil diese laufend Eier legen, so dass immer wieder neue Ameisen erscheinen. Wenn Sie die Nester ermittelt haben, können Sie am Abend, wenn alle Arbeiterinnen zurück sind, über die Nester ein Insektizid ausbringen. Sollten Sie die Nester nicht finden, legen Sie Ameisenköder aus, die von den Arbeiterinnen ins Nest geschleppt werden, um die Königin und die Brut zu füttern.

Nacktschnecken können schon innerhalb kürzester Zeit einen Salat völlig auffressen.

Schnecken

Schnecken, insbesondere Nacktschnecken, sind der Schrecken aller Gärtner und sie machen auch vor Kulturen, die unter Glas und Folie wachsen, nicht Halt. Die gefräßigen Tiere können erstaunliche Strecken zurücklegen und die größten Hindernisse überwinden.
Ein Frühbeet, dessen Fenster zum Lüften geöffnet wurden, lädt diese Plagegeister, die nach Regen sofort auftauchen, zum Festschmaus ein. Tagsüber können sie sich auch unter dunklen Flachfolien sammeln. Wenn die Schnecken Zugang gefunden haben, machen sie sich über die regelmäßig gegosenen Gemüsepflanzen her. Salat, Kohl und Spinat gehören zu ihren Lieblingsgemüsen, während sie Tomatenpflanzen verschmähen.
Da sie nur nachts und nach starken Regenfällen tätig werden, sollten Sie die Frühbeetfenster nach dem Lüften richtig schließen, ebenso Folienbauten, die zum Lüften zurückgeschlagen wurden. Sie können auch nach Einbruch der Dunkelheit auf die Jagd gehen, die Tiere mit einer Taschenlampe aufspüren und einsammeln.
Wer seine Jungpflanzen mit Vliesen oder Netzen abdeckt, muss sie nach allen Seiten abdichten, damit die Schnecken keinen Zugang finden. Bringen Sie in der Nähe von Frühbeeten und Folienbauten Fallen an, zum Beispiel Bretter, wo diese Schädlinge gerne Unterschlupf suchen; hier kann man sie in den frühen Morgenstunden aufstöbern.
Sie können auch natürliche Barrieren aus Petersilie, Lavendel, Kerbel und Thymian um die Kulturen im Kasten und unter Folie anbauen. Schnecken mögen diese Pflanzen nicht.
Schutzringe aus Strohhäcksel, Gerstenspelzen oder trockenen Fichtennadeln erschweren das Vorwärtskommen der Tiere.
Und wenn Sie die natürlichen Feinde der Schnecken, zum Beispiel Igel, Maulwurf,

Frösche, Eidechsen und Vögel fördern, werden Sie die gefräßigen Schädlinge in Grenzen halten können. Auf Schneckenkorn sollten Sie unbedingt verzichten. Sie töten nicht nur die Schnecken, sondern schaden auch den Nützlingen und Haustieren, die das giftige Mittel fressen.

Krankheiten

Nicht ausreichende Lüftung kann die Ursache für das Auftreten von pilzlichen Pflanzenkrankheiten wie Grauschimmel und Mehltau sein. Nematoden, winzige Fadenwürmer, die im Boden leben, aber auch Pilze führen zu Krankheiten wie Fäule, Keimlings- oder Welkekrankheiten, wenn in der Pflanzenhygiene Fehler gemacht werden.

Keimlingskrankheiten

Unter diesem Begriff werden Krankheiten zusammengefasst, die durch eine Vielzahl verschiedener Pilzarten an den Keimlingen verursacht werden. Man bezeichnet sie auch als Umfallkrankheit oder Schwarzbeinigkeit. Sie treten an den Keimlingen vor allem bei Kohl, Tomaten, Kopfsalat oder Möhren auf. Die Pilze bewirken, dass sich die Pflänzchen schwarzbraun verfärben, außerdem kommt es zu Einschnürungen an den Wurzelhälsen. Der Stängelgrund wird weich-faul, so dass die Sämlinge schließlich umfallen. Zu dichte Aussaat fördert den Befall.
Zur Vorbeugung empfiehlt es sich, nur keimfreie Erde und gebeiztes Saatgut zu verwenden. Die Kulturen unter Glas sollten Sie regelmäßig lüften und nicht zu nass halten. Bei Befall kann man Schachtelhalmbrühe spritzen.

Grauschimmel

Der Grauschimmelpilz siedelt sich vor allem auf Pflanzen an, die durch falsche Kulturbedingungen geschwächt sind. Viele Gemüsearten wie Salat, Gurken, Tomaten und Kohl, aber auch Erdbeeren und viele Sommerblumen können befallen werden. Die betroffenen Pflanzenteile faulen, Blätter und Früchte sind von einem grauen Pilzrasen überzogen.
Die Infektion erfolgt über kleinste Verletzungen, aber auch durch abgefallene Blütenblätter, die bei Nässe auf den Blättern kleben.
Die wichtigsten vorbeugenden Maßnahmen sind optimale Standortbedingungen für die Pflanzen sowie peinliche Sauberkeit unter Glas und Folie. Lockere Erde, ausreichender Pflanzabstand und das Vermeiden von Staunässe können sehr hilfreich sein. Unter Glas müssen Sie für ausreichend Licht und Luft sorgen. Und

Besonders Erdbeeren werden häufig von Grauschimmel befallen. Hier zeigt eine Pflanze Stängelbotrytis.

eine ausgewogene Nährstoffzufuhr sorgt für gesunde, widerstandsfähige Pflanzen.
Bei Gefährdung können Sie vorbeugend Schachtelhalmbrühe oder Knoblauchtee spritzen. Befallene Pflanzenteile müssen sofort entfernt und vernichtet werden.

Sklerotinia-Fäule
Sklerotinia-Pilze rufen vor allem bei Gemüse wie Bohnen, Gurken oder Tomaten Stängelfäule hervor. Auch Salatblätter werden befallen. Bei Zierpflanzen sind vor allem Dahlien, Zinnien, Löwenmaul und Stockrosen gefährdet.
Anfangs entstehen weiche, wässrige Stellen, auf denen sich später ein watteartiger, weißer Pilzrasen bildet. Verletzungen an einzelnen Pflanzenteilen ermöglichen den Eintritt der Pilzsporen. Feuchtwarme Bedingungen fördern die Ausbreitung, da der Pilz schwarzbraune Dauersporen bildet, die im Boden überwintern. Deshalb muss nach einem Befall die Erde in einem Frühbeetkasten ausgetauscht werden. Die Wahl von widerstandsfähigeren Sorten ist wichtig. Betroffene Pflanzen sind sofort zu entfernen und zu vernichten.

Mehltau
Verschiedene Mehltaupilze befallen Gemüsearten, aber auch viele Sommerblumen. Bei Echtem Mehltau werden die Blätter und Stängel mit einem weißlichen Schimmelrasen überzogen. Warme, trockene Witterung, aber auch starke Stickstoffdüngung begünstigen den Befall. Betroffen sind vor allem Möhren, Feldsalat und Gurken.
Durch die Wahl resistenter Sorten und ausgiebiges Wässern bei Trockenheit kann man vorbeugen. Spritzungen mit Schachtelhalmbrühe helfen vorbeugend und bei Befall. Außerdem sollte man auf intensive Stickstoffdüngung verzichten.
Falscher Mehltau befällt vor allem Salat, Spinat, Gurken und Feldsalat, aber auch Sonnenhut und Nelken. Anders als beim Echten Mehltau breiten sich die Pilze bei feuchtem Wetter aus. Auf der Blattoberseite entstehen gelbbraune Flecken, auf der Unterseite bildet sich ein weißgrauer Pilzrasen. Verwendung von resistenten Sorten und Pflanzung in ausreichend weiten Abständen sind wichtige vorbeugende Maßnahmen. Die Blätter sollten möglichst nicht benetzt werden. Häufige Lüftung der Kulturen verhindert ebenfalls den Befall. Schachtelhalmbrühe und Knoblauchtee können vorbeugend und bei Befall gespritzt werden.

Bei sehr warmem, trockenem Wetter kann der Feldsalat leicht von Echtem Mehltau befallen werden.

Die Bepflanzung

Zur Vorkultur von Sämlingen kann man Anzuchtschalen oder Torfquelltöpfe verwenden.

Sie haben Ihren Frühbeetkasten gepackt oder den Boden für Folienkultur vorbereitet und können jetzt mit der Anzucht von Jungpflanzen beginnen.
Ob Sie Gemüse anbauen oder Sommerblumen vorkultivieren wollen, die Saat direkt im Frühbeet ausbringen oder die Sämlinge im Haus ziehen, für die Aussaat und Anzucht gelten die gleichen Grundsätze.

Anzucht von Pflanzen

Materialien zur Anzucht und Weiterkultur

Werden die Samen nicht direkt ins Frühbeet ausgebracht, was bei vielen Gemüsearten der Fall ist, brauchen Sie die nötige Ausrüstung für die Anzucht – Gefäße, Substrat und Abdeckungen.

Gefäße zur Anzucht

Für die Aussaat eignen sich flache Schalen, aber auch Einzeltöpfe aus Kunststoff oder Styropor. Auch große Eierkartons bieten eine gute Alternative. Die Gefäße sollten nicht zu hoch sein, weil sonst die Wurzeln der Sämlinge zu lang werden und sich dadurch das Verpflanzen erschwert. Zu flach dürfen die Schalen und Töpfe auch nicht sein, damit genug Substrat eingefüllt werden kann. Wichtig ist, dass der Gefäßboden mit Löchern versehen ist, so dass überschüssiges Wasser abfließen kann; Staunässe ist zu vermeiden.
Sehr praktisch sind Multitopfplatten, bei denen viele kleine Kunststofftöpfchen eine zusammenhängende Platte bilden. Sie haben den Vorteil, dass die Sämlinge einzeln wachsen und Sie sich das Pikieren sparen können. Auch das Auspflanzen ist einfacher, weil Sämlinge sich leicht herauslösen lassen.
In Torfquelltöpfen sind Gefäß und Substrat kombiniert. Übergießt man sie mit lauwarmem Wasser, saugen sie sich voll und quellen in etwa einer halben Stunde zu Topfform auf. Stellen Sie die Töpfe am besten dicht an dicht in eine Schale, um ein schnelles Austrocknen zu verhindern.
Natürlich können Sie auch kleine Ton- oder Kunststofftöpfchen für die Anzucht verwenden.

Substrate zur Anzucht

Anzuchterde soll humos, locker und durchlässig sowie frei von Krankheitserregern sein, denn das Gelingen der Aussaat hängt vom Substrat ab. Außerdem muss die Erde

Aussaat in Gefäßen

a. Für die Aussaat geeignet sind Schalen, Multitopfplatten oder Einzeltöpfe mit Abflusslöchern.

b. Das Gefäß wird mit Anzuchterde gefüllt und die Oberfläche mit den Händen geglättet.

c. Danach werden die Samen dünn und gleichmäßig ausgestreut.

d. Die Saat wird leicht angedrückt. Dann siebt man die Erde darüber.

e. Die Erde wird mit feiner Brause vorsichtig angegossen und das Gefäß mit durchsichtiger Folie oder einer Haube abgedeckt.

f. Sobald die ersten Keimblätter erscheinen, wird stufenweise gelüftet, da die Sämlinge Licht und Luft brauchen.

nährstoffarm sein, denn zu hohe Konzentration von Nährstoffen kann zu Verbrennungen der zarten Wurzeln führen. Im Fachhandel sind fertige Anzuchtsubstrate erhältlich, die diese Bedingungen erfüllen. Preiswerter, aber aufwändiger ist die Eigenherstellung von Anzuchterde. Mischen Sie je ein Drittel grobkörnigen Sand, Torf oder Rindenhumus und Erde (gesiebte Kompost- oder gute Gartenerde) und machen Sie sie durch Sterilisation keimfrei. Dazu füllen Sie die benötigten kleinen Erdmengen in einen Metalltopf und dämpfen Sie sie bei 100 – 120 °C eine halbe Stunde im Backofen. Nach dem Abkühlen ist die Erde sofort verwendbar.

Aussaat

Im Frühbeet kann die Aussaat wie bei Freilandkultur direkt auf die Beete erfolgen, aber manche Gemüsearten lassen sich später nur schwierig verpflanzen. Es sind vor allem Arten, die kaum einen kompakten Wurzelballen bilden; sie sollten am besten in Anzuchtgefäßen vorkultiviert werden.
Fast alle Kohlarten, Lauch und Salat können in der Regel direkt ausgesät werden. Einjährige Sommerblumen können ebenfalls direkt ausgesät werden.
Für eine frühe Aussaat sind besonders warme Frühbeetkästen geeignet. In kalten Kästen ist eine Aussaat erst ab Ende März/Anfang April möglich.

Richtig aussäen

Wichtigster Faktor für eine problemlose Anzucht und ein gutes Gedeihen ist die Wahl des richtigen Saatguts, denn die Ernte kann nur so gut sein wie das Saatgut. Lesen Sie daher die Informationen auf den Samentüten aufmerksam durch; hier finden Sie alles Wissenswerte. Wichtig sind die Keimfähigkeit und Sorte, besonders bei Gemüse. Wenn Sie Erfolg haben wollen, sollten Sie das aufgedruckte Verfallsdatum nicht überschreiten, denn viele Samen bleiben nur zwei bis vier Jahre keimfähig. Das Saatgut wird bis zur Aussaat in Keimschutzpackungen belassen, die es vor Licht und Feuchtigkeit schützen. Samen sind im Fachhandel in verschiedenen Formen erhältlich. Neben dem naturbelassenen Normalsaatgut gibt es kalibriertes Saatgut, das nur Samen ab einer bestimmten Größe enthält. Sie keimen schneller und gleichmäßiger. Auch pilliertes Saatgut ist erhältlich.
Zur Saaterleichterung dienen Saatbänder und Quicksticks, Pappstäbchen, die jeweils mit einem Samen versehen sind.
Alle Anzuchtgefäße müssen vor dem Gebrauch peinlich sauber sein, denn durch Erdreste oder andere Verschmutzungen können sehr leicht Krankheitserreger auf die neue Saat übertragen werden. Die Gefäße werden bis zum Rand mit Erde gefüllt, ein paarmal auf die Tischfläche aufgestoßen, damit sich die Erde gut setzt. Dann wird die Oberfläche des Substrats geglättet.

Tipp

Alle Saaten sollte man kennzeichnen, um die Gemüsearten und -sorten sowie die verschiedenen Sommerblumen auseinander halten zu können.

Gesät wird gleichmäßig und nicht zu dicht. Ein Abstand von 0,5 cm nach allen Seiten ist ideal. Man kann die Samen einzeln mit den Fingern platzieren oder direkt aus der Samenpackung ausstreuen. Mit dem Handrücken wird die Saat sanft angedrückt und mit Erde übersiebt. Diese Deckschicht darf nicht höher als der dreifache Samendurchmesser

sein. Lichtkeimer werden nicht abgedeckt.
Gleich nach der Aussaat wird die Erde gründlich durchfeuchtet, aber nicht durchnässt, denn zu viel Feuchtigkeit in der Saatschale führt zu Fäulnis oder Schimmelbildung. Verwenden Sie eine feine Brause. Zum Schluss wird das Saatgefäß mit einer Abdeckung versehen. Hierfür eignen sich Haushaltsfolie, Glas oder spezielle Abdeckhauben. Die Gefäße mit der Saat werden warm oder mäßig warm gestellt, je nachdem welche Temperaturen die einzelnen Arten bevorzugen. Gelegentlich wird die Feuchtigkeit im Substrat kontrolliert.
Sobald die ersten Keimblättchen unter einer Abdeckung erscheinen, müssen die Gefäße hell aufgestellt und belüftet werden. Bei schwacher Belichtung bleiben die Keimlinge bleich und vergeilen. Die Belüftung erfolgt behutsam und wird allmählich gesteigert. Wurde zu dicht gesät und die Pflänzchen stehen zu nahe beieinander, werden sie ausgedünnt.

Direktsaat

Für eine frühe Aussaat eignen sich Frühbeete, die beheizbar sind oder warm gepackt wurden. Ein Frühbeet ohne Heizung oder Folienbauten weisen wesentlich geringere Bodentemperaturen auf. Hier kann die Aussaat erst ab Ende März/Anfang April erfolgen; vorher sind die Temperaturen trotz Glas oder Folie zu niedrig für die Samen.
Vor der Aussaat im Frühbeet wird die Erde mit einem Brettchen gleichmäßig angedrückt. Samen werden gleichmäßig und dünn verteilt. Sie müssen sich vorstellen, welchen Raum jedes einzelne Pflänzchen später einnehmen wird. Wenn Sie verschiedene Arten nebeneinander aussäen, müssen Sie die Fläche unterteilen. Dazu können Sie gewöhnliche Blumenstäbe verwenden, die auf die Erde gelegt werden. Jede Saatfläche muss beschriftet werden, sonst wissen Sie nicht mehr genau, was wo wächst. Ziehen Sie Saatrillen, um das Säen zu erleichtern. Die Samen werden mit gesiebter Erde bedeckt, mit einem Brett vorsichtig angedrückt und mit feiner Brause angegossen. Die im Frühbeet vorhandene Erde ist meistens viel zu nährstoffreich für Jungpflanzen. Die weitere Pflege der Saat besteht im Ausdünnen, Belüften und Pikieren wie im Anzuchtgefäß.

Pikieren

Die aufgelaufenen Sämlinge bedrängen sich schnell gegenseitig, ob in der Saatschale oder im Frühbeet, und konkurrieren um Licht, Wasser und Nährstoffe. Im Frühbeet reicht im Allgemeinen ein Ausdünnen, das heißt zu dicht stehende Pflanzen werden herausgezogen. Bei einigen Gemüsearten wie Tomaten und Gurken sowie bei Sommerblumen ist das Pikieren oder Umsetzen von Vorteil. Die Gemüsepflänzchen bilden auf diese Weise einen größeren Wurzelballen bei gedrungenem Wuchs. Werden Sommerblumensämlinge pikiert, wachsen sie leichter im Freiland an und entwickeln sich üppiger und blütenreicher als nicht umgesetzte.
Sobald die Sämlinge nach den Keimblättern die ersten richtigen Blätter entwickelt haben, können Sie mit dem Vereinzeln anfangen. Dabei werden schwächliche Pflänzchen gleich ausgesondert. Nach dem Lockern mit einem Pikierstab oder Bleistift, werden die Sämlinge an der Ansatzstelle der Blätter umfasst, herausgehoben vorsichtig voneinander gelöst. Lange Wurzelspitzen werden eingekürzt, um eine bessere Verzweigung der

Pikieren

a. Sobald die Sämlinge die ersten echten Laubblätter entwickelt haben, müssen sie pikiert werden.

b. Multitopfplatten oder Einzeltöpfe werden mit Erde gefüllt und mit einem Pikierstab Pflanzlöcher vorgestochen.

c. Mit dem Pikierstab werden die Wurzeln der Sämlinge gelockert und die Pflänzchen aus der Erde gehoben.

d. Mit Hilfe des Pikierstabs setzt man die Sämlinge in die neuen Gefäße.

e. Nach dem Angießen werden die Pflanzen wieder abgedeckt, hell und warm gestellt.

Wurzeln zu erreichen. Eine neue Schale wird mit nährstoffarmem Substrat, zum Beispiel Pikier- oder Vermehrungserde, befüllt. Die Sämlinge werden in einem Abstand von 4–5 cm so tief eingepflanzt, dass die Keimblätter etwa 1 cm über der Oberfläche stehen. Werden sie zu tief gesetzt, faulen sie leicht, und zu hoch gesetzte sind nicht sehr standfest. Wenn alle Sämlinge umgesetzt sind, wird das Substrat gründlich durchfeuchtet und das Gefäß hell und entsprechend warm gestellt. Eine Folienabdeckung hält Wärme und Feuchtigkeit länger.

Wenn die Pflänzchen kräftiger geworden sind, wird die Abdeckung allmählich abgenommen, um die Setzlinge abzuhärten. Die auf der Fensterbank gezogen wurden, dürfen bei milder Witterung tagsüber einige Stunden ins Freie. Wachsen sie im Frühbeet, wird mehr und mehr gelüftet, wobei Zugluft zu vermeiden ist. Pikierte Sämlinge können auch gleich ins Frühbeet umziehen, wo sie vor schlechter Witterung geschützt sind. Je größer die Pflanzen werden, umso mehr steigt ihr Nährstoff- und Wasserbedarf. Einige Wochen nach dem Pikieren, sollten Sie alle zwei Wochen einmal mit einer schwachen Düngung für Nährstoffzufuhr sorgen. Dazu wird ein Volldünger halb so hoch konzentriert wie sonst üblich in das Gießwasser gemischt.

Auspflanzen

Wurden die Setzlinge im Haus vorgezogen, kann je nachdem, ob Sie ein warmes oder kaltes Frühbeet haben, ab Ende Februar oder Anfang März ausgepflanzt werden. Sie werden entweder direkt in die vorbereitete Erde im Kasten oder in Einzeltöpfen ins Frühbeet gesetzt. Die Setzlinge können auch direkt in die Beete gepflanzt werden, sobald die Erde durchwärmt ist. Allerdings muss man sie durch Flachfolien, Vlies oder Folientunnel schützen. Sowohl vorkultivierte Gemüsepflanzen als auch Sommerblumen müssen auf den Umzug ins Freie vorbereitet werden. Auf der Fensterbank oder im Frühbeet fanden die Sämlinge Schutz vor Kälte und praller Sonne. Es herrschten ausgeglichene Temperaturen und eine hohe Feuchtigkeit. Im Freien dagegen sind die Gewächse ständigen Schwankungen ausgesetzt. Damit plötzlich veränderte Bedingungen nicht zu Wachstumsstörungen oder Schäden führen, werden die Jungpflanzen schon während der Vorkultur behutsam auf die neuen Gegebenheiten vorbereitet. Frühbeete und Folienkulturen müssen regelmäßig gelüftet werden, um den Jungpflanzen den Umzug ins Freiland zu erleichtern. Nach einigen Tagen vertragen sie die Freiluftbedingungen besser. Im zeitigen Frühjahr können Spätfröste auftreten. Deshalb sind die Kästen nachts abzudecken. Der endgültige Umzug ins Freie hängt davon ab, wie robust einzelne Arten sind. Kohlrabi, Kopfkohl und erste Salate können schon im April ins Freie gesetzt werden, empfindliche und wärmebedürftige Gemüse wie Tomaten, Gurken und Paprika dagegen erst Mitte bis Ende Mai, wenn es keine Nachtfröste mehr gibt. Unempfindliche Sommerblumen wie Löwenmaul, Ringelblume und Nelken können schon ab Anfang

Die Jungpflanzen können in der Regel ab Ende März entweder direkt in die vorbereitete Erde im Kasten oder in Einzeltöpfen ins Frühbeet gesetzt werden.

Mai ins Freie gepflanzt werden. Empfindliche Blumen wie Fleißiges Lieschen sollten dagegen vor Ende Mai nicht ausgepflanzt werden.

Vermehrung durch Stecklinge

Neben der Vermehrung durch Samen oder der generativen Vermehrung gibt es die vegetative Vermehrung durch Stecklingsgewinnung. Das ist eine einfache und schnelle Art Jungpflanzen zu gewinnen, besonders bei Zierpflanzen. Oft ist die Stecklingsvermehrung die einzige Möglichkeit, wenn man bei hochgezüchteten Sorten immer gleiche Eigenschaften haben möchte. Gerade das Frühbeet ist der beste Platz für frisch gesteckte Triebstücke. Stecklinge brauchen die gespannte Atmosphäre unter Glas, die wassergesättigte Luft und die gleichbleibende, relativ hohe Temperatur. Sie sind von der Wasserversorgung abgeschnitten, verdunsten jedoch weiter und sollen sich dabei noch bewurzeln. Daher benötigen sie ideale Wachstumsbedingungen. Sie dürfen aber nicht zu feucht gehalten werden, weil sie unter der Abdeckung leicht faulen. Um dem von vornherein vorzubeugen, verwendet man nur keimfreie Substrate auf Torf- oder Kunststoffbasis. Sehr gut eignet sich Vermehrungserde, die im Fachhandel erhältlich ist. Verwenden Sie für den Schnitt ein scharfes und sauberes Messer. Kopfstecklinge werden nur von gesunden Mutterpflanzen geschnitten und zwar von einjährigen weichen blütenlosen Trieben mit etwa vier voll ausgebildeten Blattpaaren. Die unteren Blätter werden entfernt, es sollen nur zwei Blattpaare stehen bleiben. Der Steckling wird einige Zentimeter ins Substrat gesteckt, gut angedrückt und gegossen. Unter Glas oder Folie steht er hell und warm. Wenn nach einiger Zeit sich Wurzeln gebildet haben, kann die Jungpflanze in den endgültigen Standort umgepflanzt werden. Die beste Zeit für Stecklinge ist Spätfrühling und Sommer.

Nutzung von Glas und Folie

Nutzungsmöglichkeiten eines Frühbeets sind außerordentlich vielseitig. Im Frühjahr dient es zur vorzeitigen Anzucht von Jungpflanzen. Später kann man darin empfindliche Gemüse wie Gurken, Melonen, Paprika und Tomaten kultivieren. Im Sommer eignet sich das Frühbeet für die Anzucht und Vorkultur von zweijährigen Pflanzen wie Goldlack, Stiefmütterchen oder Nelken. Im Herbst kann Wintergemüse wie Kohlrabi, Spinat oder Salat kultiviert oder Wurzelgemüse für den Winter eingelagert werden. Hier ist die Aufbewahrung besser als in einem warmen und lufttrockenen Keller. Zur Einlagerung muss der Boden des ausgehobenen Frühbeets mit einer 5 cm dicken Sandschicht bedeckt werden. Um eine gleichmäßige Temperatur von 4–5 °C zu halten, kann man die Fenster zusätzlich mit Laub oder Stroh bedecken.
Wenn Sie außer der Jungpflanzenanzucht für den Frühbeetkasten keine weitere Nutzung vorgesehen haben, können Sie ihn als zusätzliches Beet mit Gemüse bepflanzen. Denn gerade bei den Spätsorten bieten die Fenster, die nach Bedarf aufgelegt werden können, Schutz vor leichten Frösten.
Im Frühbeet ist aber auch Platz für Kakteen und andere Sukkulente. Den Sommer über sind diese Pflanzen dort bestens aufgehoben. Kommt es zu anhaltendem Regen, werden die Fenster aufge-

Im Winter kann das leere Frühbeet zur Einlagerung von Wurzelgemüse wie hier Möhren verwendet werden.

legt, um die Gewächse vor starker Nässe zu bewahren. Auch in der Pflege von Zimmerpflanzen kann ein Frühbeet eine Hilfe sein. Sie können hier Ihre heimischen Ziergewächse vermehren oder sogar Exoten wie Avokado, Zierbanane und Dattel selbst ziehen.
Folien- und Vliesabdeckungen erfüllen vor allem eine Aufgabe – je nach Klima und Wetterlage einen um etwa drei Wochen früheren Anbau und eine um etwa zwei Wochen vorgezogene Ernte, wie zum Beispiel bei Erdbeeren. Die schützende Hülle bietet den Jungpflanzen ein günstiges, feuchtwarmes Klima. Außerdem trocknet der Boden nicht so schnell aus, die Nährstoffe werden nicht ausgewaschen. Schwarze Mulchfolie unterdrückt zudem den Unkrautwuchs. Werden Folien und Vlies sachgemäß behandelt und nicht gefaltet, sondern zusammengerollt und dunkel aufbewahrt, können sie mehrmals verwendet werden.

Gemüseanbau

Gerade Gemüseanbau im Frühbeet und unter Folie oder Vlies hat einen hohen Stellenwert. Ob kalter Kasten oder Folientunnel, ob warmes Frühbeet oder Vlies, Sie können diese Bauweisen das ganze Jahr nutzen, um Jungpflanzen zu ziehen, empfindliche Gemüsearten zu kultivieren, im Herbst und Winter frischen Salat und Gemüse zu ernten und über den Winter Wurzelgemüse einzulagern.

Welches Gemüse?

Unter Glas und Folie können Sie bereits ab März oder April die ersten Gemüse wie Kohlrabi, Wirsing und andere Kohlarten, Spinat, Radieschen, Rettich, Möhren, Buschbohnen sowie verschiedene Salate anbauen. In ihrem Schutz ist eine etwa drei bis vier Wochen frühere Aussaat und deshalb auch eine entsprechend frühe Ernte mög-

Auberginen brauchen einen warmen Standort. Auch ohne Gewächshaus und Frühbeet kann man dieses Gemüse kultivieren, wenn man die Pflanzen mit einem einfachen Gerüst aus mit Folien bespannten Latten überbaut.

Anbauplan für Gemüse im Frühbeet (Beispiele)

Drei Vorschläge für die Nutzung eines warmen Frühbeets

Mitte Februar bis Ende April: ① *Kopfsalat;* ② *Radieschen;* ③ *Kohlrabi;* ④ *Kresse;* ⑤ *Möhren;* ⑥ *Schnittsalat.* Mai bis Anfang September: ⑦ *Kastengurken;* ⑧ *Buschtomaten;* ⑨ *Paprika*
September bis Mitte Dezember: ⑩ *Winterendivie;* ⑪ *Spinat;* ⑫ *Rettich;* ⑬ *Buschbohnen;* ⑭ *Kopfsalat;* ⑮ *Radieschen;* ⑯ *Kohlrabi*

Drei Vorschläge für die Nutzung eines halbwarmen Frühbeets

Anfang März bis Mai: ① *Möhren;* ② *Feldsalat;* ③ *Rettich;* ④ *Kopfsalat;* ⑤ *Kohlrabi*
Mai bis Anfang September: ⑥ *Melonen;* ⑦ *Paprika;* ⑧ *Buschtomaten*
September bis Dezember: ⑨ *Spinat;* ⑩ *Buschbohnen;* ⑪ *Winterendivie;* ⑫ *Feldsalat;*

Drei Vorschläge für die Nutzung eines kalten Kastens

Mitte März bis Mitte Mai: ① *Jungpflanzenanzucht;* ② *Buschbohnen;* ③ *Möhren*
Mai bis September: ④ *Paprika;* ⑤ *Buschtomaten;* ⑥ *Kastengurken;* ⑦ *Buschbohnen;* ⑧ *Möhren*
September bis Ende November: ⑨ *Kohlrabi;* ⑩ *Radieschen;* ⑪ *Feldsalat;* ⑫ *Spinat;* ⑬ *Kopfsalat;* ⑭ *Rettich;*

Ausnutzung eines heizbaren Frühbeetes

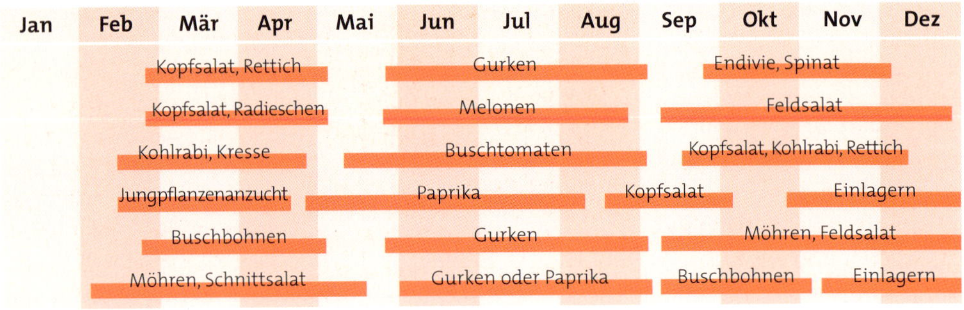

Ausnutzung eines halbwarmen Frühbeetes

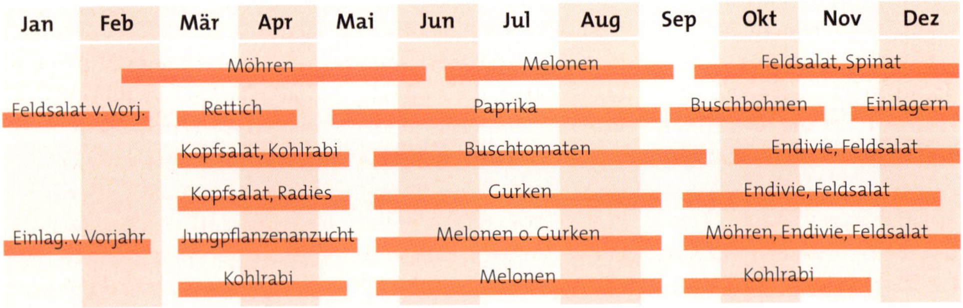

Vorschläge zur Nutzung von kalten Frühbeeten und Folienbauten

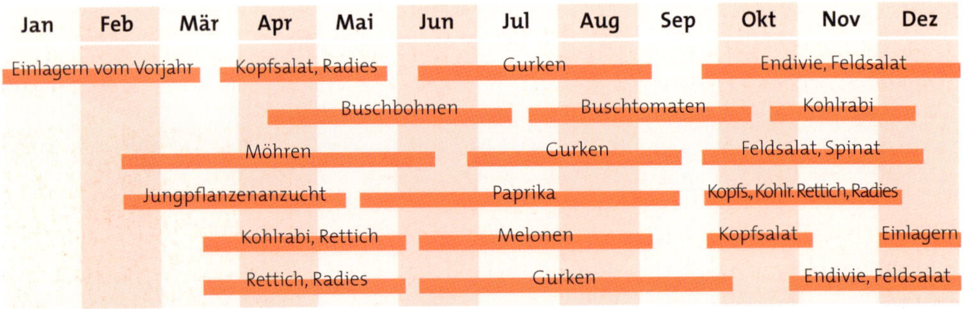

lich. Später finden hier Wärme liebende Gemüsearten wie Tomaten, Paprika, Gurken, Melonen und sogar Auberginen ideale Kulturbedingungen vor. Auch Gewürzkräuter können unter Glas ausgesät werden. Im Freiland entfaltet sich ihr Aroma allerdings besser.

Optimale Ausnutzung von Frühbeeten und Folienbauten

Je intensiver Frühbeete und Folien ausgenutzt werden,

desto wertvoller sind sie für den Garten. Damit steigt ihr Gebrauchswert und der zu erzielende Ertrag.
Die Ausnutzung mit nur einer Gemüseart ist nicht sehr sinnvoll und wird kaum erwünscht sein. Durch den gleichzeitigen Anbau mehrerer Arten nutzen Sie Frühbeete und Folien nicht nur richtig aus, sondern Sie können auch für Abwechslung auf dem Speiseplan sorgen. Beim Gemüseanbau im Frühbeet sollten Sie unbedingt darauf achten, dass Sie nur solche Sorten auswählen, die für den Anbau unter Glas geeignet sind. Anders ist es bei Pflanzen unter Folien und Vlies. In diesem Fall wird Freilandgemüse vor ungünstigen Witterunsbedingungen geschützt und verfrüht.
In den Sommermonaten wird nicht mehr zwischen warmen, halbwarmen und kalten Frühbeeten sowie Folien unterschieden. Eine Heizung ist jetzt nicht mehr nötig. Alle Frühbeete sind dann mit Sommerkulturen wie Gurken, Melonen, Buschbohnen und Paprika besetzt. Im Herbst erfüllen Glas und Folie bis zu den stärkeren Frösten ihre Funktion für eine Reihe von Gemüsen, die laufend geerntet werden. Unter schützenden Folienhauben können die Tomaten ausreifen.

Sämlinge von Einjährigen (hier Löwenmaul) sollten unbedingt pikiert werden, damit sie kräftige Wurzelballen bilden.

Die Ausnutzungsbeispiele der vorhergehenden Seiten für warme Frühbeete sowie für kalte Frühbeetkästen und Folienbauten sollen Ihnen als eine Anregung dienen. Beachten Sie, dass die Entwicklungszeiten von den Witterungsverhältnissen abhängen. Deshalb können sie sich wie auch der Anbaubeginn im Frühbeet und unter Folie verschieben.

Zierpflanzen unter Glas

Frühbeete, besonders wenn sie beheizbar sind, bieten die besten Voraussetzungen für eine erfolgreiche Anzucht von einjährigen Sommerblumen mit Vorkultur. Die Aussaat kann je nach Witterung bereits ab Januar erfolgen. Für eine Selbstanzucht der zweijährigen Sommerblumen genügt ein kalter Kasten, da im Sommer ausgesät wird. Auch bei Stauden, die ausdauernd sind, erweisen sich Glas und Folie als sehr nützlich. Diese Pflanzen brauchen von Zeit zu Zeit eine Verjüngungskur, die sich durch Teilung älterer Exemplare ganz einfach durchführen lässt. Ein Auspflanzen der geteilten Stauden im Frühbeet oder unter Folie lässt sie schneller Wurzeln bilden, wenn Sie ihnen ein Pflanzbeet aus einer Mischung aus Torf, Sand und Komposterde bieten.

Einjährige Sommerblumen

Einjährige oder annuelle Pflanzen durchlaufen ihre Entwicklung von der Keimung der Samen bis zur Blüte und Reifung neuer Samen in einer Vegetationsperiode und sterben danach ab.

Einjährige Sommerblumen wie Sommeraster lassen sich im Frühbeet sehr gut vorkultivieren.

Ausgesät wird in Anzuchtschalen, Töpfe, die unter Glas gestellt werden, oder direkt ins Frühbeet. Verwenden Sie für die Aussaat eine leichte Erde, am besten fertige Anzuchterde, die im Gartenfachhandel erhältlich ist. Säen Sie nie zu dicht. Lassen Sie Saatbeet oder Saatgefäße nicht trocken, aber auch nicht zu feucht werden. Die verschiedenen Arten haben unterschiedliche Keimdauer und brauchen unterschiedliche Keimtemperaturen. Empfehlenswert ist eine Aussaat im warmen Frühbeet. So können Sie früher aussäen und die optimale Keimtemperatur anbieten. Außerdem können Sie sich schon bald nach den Eisheiligen auf die Blüten freuen.

Unter Glas entwickeln sich die Sämlinge besonders gut. Sie bleiben gedrungen und werden kräftig. Bei der Anzucht von Jungpflanzen spielt das Pikieren eine große Rolle. Auflaufende Pflanzen werden in entsprechender Entfernung vereinzelt, um widerstandsfähige sowie früh und üppig blühende Setzlinge zu bekommen. Dazu brauchen Sie genügend Schalen oder Töpfe. Wenn Sie gleich in Multitopfplatten oder Torfquelltöpfen aussäen, können Sie sich später das Vereinzeln sparen.

Zweijährige Blumen

Zweijährige oder bienne Pflanzen benötigen zwei Vegetationsperioden für ihre volle Entwicklung. Zur Blüte und Samenbildung gelangen sie erst nach einer Überwinterung. Bei vielen Zweijährigen, z. B. bei Gar-

Einjährige Sommerblumen (Aussaat im warmen oder kalten Frühbeet)

Name	Aussaatzeit	Keimtemperatur in °C	Keimdauer Tage
Löwenmaul (*Antirrhinum majus*)	Januar–März	15–20	6–18
Ringelblume (*Calendula officinalis*)	März–Mai	15	10–15
Sommeraster (*Callistephus chinensis*)	Februar–März	15	7–15
Cosmee (*Cosmos bipinnatus*)	April–Mai	18	5–15
Kapringelblume (*Dimorphotheca sinuata*)	April–Mai	15	7–15
Kokardenblume (*Gaillardia aristata*)	März–April	15	15
Strohblume (*Helichrysum bracteatum*)	März–Mai	18	10–20
Prunkwinde (*Ipomoea tricolor*)	März–April	18–20	10–18
Duftwicke (*Lathyrus odoratus*)	März–April	10–15	14
Gauklerblume (*Mimulus*)	März–April	12	7–15
Nemesia (*Nemesia*)	März–April	12	14–20
Studentenblume (*Tagetes*)	Februar–April	18	7–15
Kapuzinerkresse (*Tropaeolum*)	März–Mai	15	14–20
Ziermais (*Zea mays*)	April–Mai	15	7–15
Zinnie (*Zinnia elegans*)	April–Mai	15	7–15

Zweijährige Sommerblumen (Aussaat im kalten Frühbeet)

Name	Aussaatzeit	Keimtemperatur in °C	Keimdauer Tage	Besonderheiten
Malve (*Alcea rosea*)	April–Juli	18	12–20	Höhe bis 200 cm
Tausendschön (*Bellis perennis*)	Juni–Juli	18	7–15	
Goldlack (*Cheiranthus cheiri*)	Mai–Juli	18	10–16	Frostfrei überwintern
Bartnelke (*Dianthus barbatus*)	Mai–Juli	15	7–15	bevorzugt Prachtmischungen säen
Fingerhut (*Digitalis purpurea*)	April–Juli	18	14–20	Höhe bis 120 cm
Silberlinge (*Lunaria annua*)	Mai–Juli	15	14–20	Samenstände als Trockenblumen
Vergissmeinnicht (*Myosotis sylvatica*)	Juni–Juli	18	14–20	Frostfrei überwintern
Königskerze (*Verbascum olympicum*)	März–Juni	15	14–20	Frostkeimer, Höhe bis 200 cm
Stiefmütterchen (*Viola-Wittrockiana*-Hybriden)	Juli–August	15	12–20	

tenstiefmütterchen erscheinen die Blüten schon im zeitigen Frühjahr. Andere wie die Marienglockenblume blühen dagegen erst im Sommer des zweiten Jahres. Die Samen keimen oft noch im selben Jahr und wachsen zu Jungpflanzen heran. Diese überwintern im ersten Jahr als Blattpflanze.
Wenn Sie Zweijährige im Frühbeet ausgesät haben, wird die Saat bis zur Keimung feucht und dunkel, nach dem Aufgehen hell, jedoch nicht sonnig und mäßig feucht gehalten. Zu dicht stehende Jungpflanzen werden vereinzelt, damit sie später gute Büsche bilden. Im Herbst sind die Pflanzen in der Regel so weit, um an den vorgesehenen Platz gepflanzt zu werden. Im Spätherbst gepflanzte Zweijährige blühen länger und üppiger als im Frühjahr gepflanzte. Häufig wird die Winterkälte für die Entstehung von Blüten benötigt wie beispielsweise bei einigen Sorten der Bartnelke.

Die zweijährigen Bartnelken lassen sich im kalten Frühbeet gut vorkultivieren.

Stroh auf dem Boden schützt die Erdbeeren vor Grauschimmelbefall.

Pflege von Zimmerpflanzen

Bei Zimmerpflanzen fehlen oft die erwünschten Standortbedingungen außerhalb der Wachstums- und Blütezeit, nach dem Umtopfen und bei der Anzucht von Jungpflanzen, denn eigentlich genügt das Zimmerfenster den Ansprüchen der Gewächse nicht das ganze Jahr über. Hier kann das Frühbeet zu bestimmten Zeiten eine Hilfe sein. Es bietet zum Ersten die Möglichkeit der eigenen Vermehrung. Gerade bei Zimmerpflanzen ist die Stecklingsanzucht sehr einfach, da viele sich leicht bewurzeln. Im Frühbeet herrschen die idealen Voraussetzungen für jede Art von Nachzucht, nämlich warme, mit Wasserdampf gesättigte Luft.

In der Umtopfzeit, in der Regel im März, kann der Frühbeetkasten den kleinen Topfgewächsen helfen, über die nachfolgende Zeit hinwegzukommen. Die Pflanzen wollen danach etwas wärmer stehen als sonst, besonders im Wurzelbereich. Auf dem Fensterbrett ist das nicht immer möglich, weil die Zentralheizung sich nicht nach den Bedürfnissen der Pflanzen regulieren lässt.

Viele Zimmerpflanzen verbringen den Sommer gerne im Freien an einem geschützten, nicht der vollen Sonne ausgesetzten Platz. Wenn Sie im Garten ein Frühbeet haben, das gerade nicht in Nutzung ist, können Sie die Topfgewächse hier aufstellen. Bei reichlicher Lüftung stehen sie leicht schattiert und sind vor tagelangen Regen, die für unsere Sommer typisch sind, und Gewitterschauern geschützt.

Verfrühte Erdbeerernte

Junge Erdbeerpflanzen werden bereits im Juli in Töpfe gesetzt, damit sie bis zum Herbst zu kräftigen Pflanzen herangewachsen sind.

Ab Anfang Oktober wird nicht mehr gegossen und gedüngt. Die ersten Nachtfröste schaden den Erdbeerpflanzen nicht, regen im Gegenteil die Blütenbildung an. Bei starken Frösten müssen die Töpfe in einen kalten Frühbeetkasten gestellt werden, wobei man die Erdbeerpflanzen mit Laub abdeckt. Erdbeeren im Beet müssen ebenfalls mit Laub bedeckt werden. Im geheizten Frühbeet beginnt das Treiben ab Mitte Februar. Wenn die Bodentemperatur auf 15 °C gestiegen ist (Bodenthermometer), bilden die Pflanzen ab Mitte März Blüten. Eine Lufttemperatur von 10 °C ist ausreichend. Um die Temperatur zu halten, sollten Sie bei starker Sonneneinstrahlung entweder schattieren oder die Fenster herunternehmen.

Erdbeerbeete werden Ende März unter Folienschutz genommen. Gedüngt wird bis zum Reifebeginn wöchentlich, Wasser bekommen die Pflanzen erst nach der Blüte. Unter Glas und Folie erzielt man eine um 15–20 Tage frühere Ernte. Ende Mai können Sie die ersten Früchte pflücken, allerdings müssen Sie die Blüten selbst bestäuben, indem Sie einen Pinsel zu Hilfe nehmen oder die Pflanzen rütteln.

Gemüse im Porträt

Für Gemüsearten aus wärmeren Gebieten wie Gurken, Paprika, Tomaten, Bohnen fördern Schutzvorrichtungen im Frühjahr oder über den ganzen Sommer das Wachstum. Aber auch unser heimisches Gemüse profitiert von Folienschutz, der eine frühere Aussaat und Ernte ermöglicht. Im Folgenden sollen einige Gemüsearten, die sich im Frühbeet oder unter Folie kultivieren lassen, vorgestellt werden. Für die Unterglaskultur sollten Sie nur geeignete Sorten auswählen.

Aubergine

(Solanum melongena)

Diese Gemüseart beansprucht gleichmäßige Wärme. Bei einer Freilandkultur in unseren Breiten gibt es auch in sehr warmen Sommern keine Erfolgsgarantie. Die Aubergine gedeiht am besten im Gewächshaus, aber eine Kultur ist auch im Frühbeetkasten möglich, der jedoch aufgestockt werden muss, da dieses Gemüse bis zu 1 m hoch werden kann.
Kultur: Aussaat Februar bis April im geheizten Vermehrungsbeet bei 20 °C ; später in kleine Töpfe setzen; so spät wie möglich auspflanzen; pro Fenster 3 – 4 Pflanzen
Pflege: Pflanzen an Pfählen anbinden oder an Schnüren aufleiten; zunächst mäßig gießen, nicht spritzen oder sprühen! Nach Früchtebildung mehr gießen; ausreichend lüften! Nur den Haupttrieb entspitzen, Geiztriebe nicht entfernen
Ernte: vollreife ab August; nur glänzende und dunkelviolette Früchte
Sorten: 'Sperlings Blacky', 'Lange Violette', 'Negro'

Blumenkohl

(Brassica oleracea var. *botrytis)*

Blumenkohl ist reich an Vitamin C und Mineralstoffen. Er lässt sich gut in halbwarmen Kästen kultivieren. Bei früher Pflanzung ist Abdeckung mit Vlies oder Schlitzfolie günstig.
Kultur: ab März gut entwickelte Setzlinge in den Kasten pflanzen; ab April kann in Töpfen oder Schalen ausgesät werden, 4 – 5 Wochen nach der Saat tief ins Beet pflanzen und abdecken; Pflanzabstand 50 x 40 cm
Pflege: nährstoffreiche Erde; erste Kopfdüngung 3 Wochen nach Pflanzung, zweite Kopfdüngung bei Beginn der Blumenbildung, danach die inneren Blätter zum Beschatten zur Mitte knicken (Blume bleibt weiß); bei Sonne viel lüften; reichlich mit warmem Wasser gießen
Ernte: sobald die Blumen völlig ausgewachsen sind
Sorten: 'Neckarperle' (Pflanzung April bis Juli), 'Candid Charme' (Mai bis Juli)

Die Aubergine braucht sehr viel Wärme, damit die Früchte ausreifen.

Buschbohnen

(Phaseolus vulgaris var. *nanus)*

Grüne Bohnen sind reich an Vitamin C und Mineralstoffen. Rohe Bohnen enthalten das gesundheitsschädigende Glykosid Phasin, das aber beim Kochen zerstört wird.
Die Treiberei von Bohnen im erwärmten Kasten lohnt nur von Ende Februar bis Mitte April.

Kultur: Vorkultur notwendig; 5–6 Bohnen in einem geheizten Raum in einen halb gefüllten Blumentopf geben, erst nach der Keimung auffüllen. Nach etwa drei Wochen in einen warmen Kasten pflanzen; Pflanzweite 20 cm
Pflege: nach der Pflanzung mit erwärmtem Wasser gießen, Frühbeet einen Tag geschlossen halten und beschatten; anschließend ausreichend lüften, besonders während der Blüte, Stängel, Blüte und Hülsen faulen leicht, wenn bei trübem Wetter nicht gelüftet wird; gießen nach Witterung, immer vormittags
Ernte: Juni bis Juli
Sorten: 'Maja' (früh), 'Dufrix' (sehr früh), 'Dubra' (mittelfrüh)

Chinakohl

(Brassica pekinensis)

Chinakohl ist reich an Vitamin C und Mineralstoffen.
Kultur: Die Anzucht gelingt nur bei Temperaturen von 18–20 °C; Aussaat ab Januar bis Februar in 4–5-cm-Töpfen, auspflanzen ab Anfang März bis Anfang April; Pflanzabstand 30 x 35 cm
Pflege: wächst in jedem humosen Boden gut; gleichmäßig feucht halten, 80–90 g/m² organisch-mineralischen Dünger verabreichen
Ernte: je nach Aussaat April bis Mitte Mai
Sorten: 'Hongkong', 'Hopkin', 'Cannon' (wenig schossempfindlich)

Eissalat

(Lactuca sativa var. *capitata)*

Vom Kopfsalat unterscheidet er sich durch die knackigen Blätter und Blattrippen (Krachsalat).
Kultur: Aussaat ab Ende Februar in Anzuchtschalen; Spätaussaat Mitte September optimale Kulturtemperatur zwischen 15 und 18 °C; nach 4–5 Wochen im Abstand von 25 x 25 cm auspflanzen
Pflege: braucht viel Licht; Temperaturangaben unbedingt einhalten, gleichmäßige Bodenfeuchtigkeit, reichlich lüften, um Fäulnis vorzubeugen
Ernte: Wenn die Köpfe fertig ausgebildet sind, wird geschnitten.
Sorten: 'Bastion' (Ernte Mitte November bis Januar), 'Capitol', 'Kelly' (beide Ernte März bis Mai)

Feldsalat

(Valerianella locusta)

Feldsalat ist das ideale Wintergemüse für Frühbeetkästen. Er ist reich an Vitaminen und Mineralstoffen.
Kultur: Für die Winterernte September bis Oktober säen; breitwürfig oder in Reihen mit 10 cm Abstand; nicht zu dicht, da Mehltau dadurch begünstigt wird
Pflege: die ersten vier Wochen feucht halten, gut

Feldsalat wird nur im Herbst und Winter kultiviert, weil er im Sommer schießt.

lüften; Grunddüngung mit organisch-mineralischem Dünger, 50 g/m²
Ernte: Dezember bis März; im März abräumen, weil die Pflanzen im April blühen
Sorten: 'Vit', 'Elan' (beide mehltauresistent), 'Dunkelgrüne Vollherzige'

Gurke

(Cucumis sativus)

Gurken sind im tropischen Indien beheimatet. Sie enthalten Mineralstoffe und Vitamine in sehr geringen Mengen.
Kultur: ab März in warmen Frühbeetkästen treiben; Setzlinge im Februar bei 18 °C in Töpfen im Zimmer heranziehen; Bodenwärme möglichst hochhalten; zur Anzucht die Töpfe mit den Setzlingen ab Mai im Frühbeet in Torf einsenken.
Pflege: an warmen, sonnigen und windstillen Tagen vorsichtig lüften; bei kaltem Wetter nicht lüften, doppelte Frühbeetfenster auflegen, nachts mit Stroh oder Folie abdecken, um die Wärme im Frühbeet zu halten; nur in den Mittagsstunden mit Wasser von 25 °C gießen; Pflänzchen nicht benetzen; etwa im Mai auspflanzen, 2 Pflanzen pro Fenster; bis zum Anwachsen Fenster geschlossen halten; bei sonnigem Fenster Kastenwände mit Wasser bespritzen, um die erforderliche Feuchtigkeit zu erhalten; bei Sonne leicht schattieren; nach dem Anwachsen immer mehr lüften, aber nur bei warmem Wetter, an schwülen Tagen Fenster ganz abnehmen; ausgiebige Wassergaben; ab vier Wochen nach der Pflanzung wöchentlich düngen; Triebspitzen entfernen, um die Bildung von Seitentrieben zu fördern; was über den Kasten wächst, schneiden. Bei Freilandkulturen sind die Erträge um ein Drittel höher, wenn Gurken auf Mulchpapier, -vlies oder -folie angebaut werden; bei nasskaltem Wetter zusätzlich Folientunnel aufstellen; bei warmen Wetter lüften!

Kohlrabi muss gleichmäßig gegossen werden, damit er zarte Knollen entwickelt.

Gurken können von Echtem Mehltau befallen werden.
Ernte: Juli bis Oktober
Sorten: 'Sperling's Klaro', 'Eva'

Kohlrabi

(Brassica oleracea var. *gongylodes)*

Kohlrabi ist reich an Vitamin C, Mineralstoffen und Karotin, wobei die Blätter mehr Vitamine enthalten als die Knollen. Junge Kohlrabi, die im Frühbeet getrieben wurden, sind wohlschmeckender und zarter als im Freien gewachsene.
Kultur: Aussaat ab Mitte Februar in Saatschalen auf dem Fensterbrett; ab Mitte März auf halbwarmes Frühbeet pflanzen; Pflanzabstand 25 x 25 cm, 16 Pflanzen/m²; zu enger Stand führt zu langgestreckten Knollen
Pflege: gleichmäßige Wasserversorgung; 3 Wochen nach dem Auspflanzen allwöchentlich mit Volldünger (20 g/m²) versorgen; Fenster anfänglich geschlossen halten; nach dem Anwachsen der Setzlinge bei warmem Wetter reichlich lüften; ab April während der Mittagsstunden leicht beschatten; nachts Kasten abdecken.
Bei Direktsaat aufs Beet ist ein Abdecken mit Vlies oder Schlitzfolie bis Mitte Mai und Schattierfolie bei hei-

Kopfsalat unter Glas braucht viel Licht, um richtige Köpfe zu bilden.

ßem Sommerwetter notwendig und bringt wesentlich frühere Ernte.
Ernte: Mai; sobald die Knollen fertig ausgebildet sind, später werden sie holzig
Sorten: 'Azur Star' (blau), 'Blaro' (blau), 'Rowel' (weiß), 'Flott' (weiß)

Kopfsalat

(Lactuca sativa var. *capitata)*

Kopfsalat enthält Vitamin C, Karotin, Mineralien und Bitterstoffe. Man kann ihn im geheizten Frühbeet ab den Frühjahrsmonaten, im ungeheizten Kasten oder unter Folie etwas später ernten. Keine Freilandsorten verwenden
Kultur: Aussaat ab Januar in Schalen; einmal pikieren; ab März bis April in warmes Frühbeet auspflanzen; Pflanzweite 20 cm, 20 Pflanzen je Fenster; Mischkultur mit Radieschen und Schnittsalat möglich; 12 – 15 °C Wärme nicht überschreiten; im Februar und März Folgesaaten
Pflege: der Erde reichlich Düngetorf zugeben, um gute Wurzelballen zu bekommen; heller, kühler Standort mit gleichmäßiger Temperatur, reichlich lüften, um einem Mehltaubefall vorzubeugen; mit nicht zu kaltem Wasser ausreichend und kräftig gießen; leicht beschatten. Salattreiberei unter Folie und Vlies ermöglicht eine 6 – 11 Tage frühere Ernte; Lüften nicht vergessen
Ernte: ab Mai; geschosste Köpfe schmecken bitter
Sorten: 'Imka', 'Muck', 'Larissa'

Melone

(Cucumis melo)

Gerade Zuckermelonen sind ideal zur Nutzung von Frühbeeten im Sommer. Die einjährigen Pflanzen sind im tropischen Afrika und Asien beheimatet und daher sehr licht- und wärmebedürftig. Sie sind reich an Vitamin C, Karotin und wichtigen Mineralstoffen.
Kultur: Aussaat Februar/März in Töpfchen; ab Mai ins Frühbeet pflanzen im Abstand von 80 cm, 1 – 2 Pflanzen/m^2; da Flachwurzler, hoch pflanzen, um Stammfäule vorzubeugen
Pflege: Melonen sind empfindlich gegen Kälte und Nässe, brauchen aber an warmen, sonnigen Tagen reichlich Feuchtigkeit; Volldüngergaben von etwa 40 g/m^2; anfangs sparsam lüften, nur wenig Schatten geben; Fenster bleiben ganzen Sommer auf dem Kasten liegen. Jungpflanzen über dem vierten bis sechsten Blatt entspitzen, Seitentriebe daraus nach dem sechsten Blatt abschneiden; jeder Pflanze werden vier Triebe belassen, so dass vier bis fünf Früchte heranreifen; bei Bestäubung nachhelfen (männliche Blüten auf weibliche drücken)
Ernte: bei günstigen Außentemperaturen ab August bis September
Sorten: 'Galia', 'Goldstar', 'Maya'

Möhre, Karotte

(Daucus sativus)

Möhren enthalten sehr viel Karotin, andere Vitamine und Mineralstoffe.
Kultur: Aussaat ab Februar im warmen Frühbeet in Reihen von 15 cm Abstand; Aussaat Oktober bis Dezember

im kalten Frühbeet; frühe Saaten auf dem Beet mit Vlies oder Schlitzfolie abdecken, bis die ersten zwei Laubblättchen erscheinen.
Pflege: Der warme Kasten bleibt bis zur Keimung geschlossen, mit Strohdecken vor Abkühlung schützen, später volles Licht; zu dicht stehende Keimlinge ausdünnen; bei schöner Witterung lüften; kalten Kasten mit starker Laubdecke und Laubumschlag vor Frost schützen; Mitte Februar Winterhülle entfernen, Welkes ausputzen; mit lauwarmem Wasser gießen; nachts abdecken
Ernte: April bis Juni
Sorten: 'Pariser Markt' (rund), 'Nadine', 'Ingot' (Ganzjahresanbau)

Paprika
(Capsicum annuum)

Die ursprünglich in Mexiko heimische Gemüseart braucht viel Wärme, enthält Karotin, viel Vitamin B und C.
Kultur: Aussaat Ende März in Schalen bei 22 – 25 °C, nach der Keimung etwa 20 °C und sehr hell stellen; einzeln in kleine Töpfchen pikieren, fördert Ballenbildung; ab Mai ins Frühbeet pflanzen, 40 x 40 cm Abstand, 4 Pflanzen je Fenster; im Freibeet auf Mulchfolie pflanzen
Pflege: ausgiebig gießen, reichlich lüften, um Grauschimmelbefall vorzubeugen; eventuell im Juni Dünger verabreichen; voll tragende Pflanzen stützen und anbinden

Paprika reift nur unter Schutz von Glas oder Folie richtig aus.

Ernte: Juli bis Oktober
Sorten: 'Merit', 'Bell Boy' (grün, später rot), 'Pußta Gold' (gelb)

Pflück- und Schnittsalat
(Lactuca sativa var. *crispa)*

Diese Salate bilden keinen Kopf, sondern lockere Blattrosetten. Während Pflücksalat Blatt für Blatt über eine lange Zeit hinweg geerntet werden kann, wird der Schnittsalat im Ganzen geerntet und wächst nicht nach.
Kultur: Aussaat ab März direkt ins Frühbeet oder unter Folie; auf 10 cm Abstand vereinzeln; Aussaat auch im Oktober möglich
Pflege: ähnliche Ansprüche wie Kopfsalat
Ernte: Mai bis Oktober; etwa 6 – 7 Wochen nach der Aussaat
Sorten: 'Hohlblättriger Butter', 'Krauser gelber' (beide Schnittsalat); 'Lollo rossa' (rot), 'Lollo bionda' (grün), 'Salli', 'Salad Bowl' (alles Pflücksalate)

Radieschen
(Raphanus sativus var. *sativus)*

Die einjährig kultivierten Radieschen haben eine sehr kurze Entwicklungszeit.

Sie sind reich an Vitamin B, C und Mineralstoffen. Unter Glas gewachsene Knollen sind zarter als die vom Freiland.
Kultur: erste Aussaat im Februar in Saatkästen, später ins halbwarme oder warme Frühbeet versetzen, danach alle 14 Tage direkt ins Frühbeet säen; ab August bis Oktober Aussaat im kalten Kasten; nicht zu eng säen, sonst bilden sich keine Knollen; Frühsaaten im Beet durch Vlies oder Schlitzfolie schützen, die bis zur Ernte liegen bleiben können
Pflege: nährstoffreiche Erde, gute Wasserversorgung; Trockenheit und Hitze fördern Erdflohbefall; organisch-mineralische Grunddüngung 60 – 80 g/m²
Ernte: ab April, möglichst frisch verbrauchen
Sorten: 'Fanal', 'French Breakfast', 'Saxa Treib', 'Karissima'

Rettich

(Raphanus sativus var. *niger)*

Rettich hat ebenfalls eine kurze Entwicklungszeit wie Radieschen und ähnliche Inhaltsstoffe.

Rettich schmeckt am besten, wenn die Rübe noch nicht voll ausgewachsen ist.

Kultur: Aussaat ab der zweiten Märzhälfte im lauwarmen Kasten; weitere Aussaat im April im kalten Kasten; vereinzeln im Abstand von 12 – 15, größere Rettiche in 20 cm Entfernung. Für sichere Erträge erste Aussaat in Saatkästen ab März, ab April bis Mai kerzengerade auspflanzen, damit sich die Rüben nicht krumm entwickeln; 20 Pflanzen/m²
Pflege: nährstoffreicher Boden; in den ersten Wochen wenig gießen, feucht halten bis die Rüben heranwachsen, dann ausgiebiger wässern; Grunddüngung 60 g/m², nach sechs Wochen Nachdüngung mit 30 g/m² Volldünger; der Witterung und Jahreszeit entsprechend lüften
Ernte: Juni bis Juli
Sorten: 'Ostergruß', 'Neckarruhm' (beide Bündelrettiche)

Spinat

(Spinacia oleracea)

Spinat kann zusammen mit Feldsalat angebaut werden. Er enthält Vitamin B, C und reichlich Mineralstoffe.
Kultur: Aussaat im Frühbeet im September in 15 cm Reihen; bei zu dichtem Stand Mehltaugefahr
Pflege: humoser Boden; organisch-mineralische Grunddüngung eine Woche

vor der Saat (60 g/m²); gut lüften, Temperatur bei 10–15 °C halten; ausreichend, aber selten bewässern, verträgt keine Trockenheit
Ernte: April bis Mai
Sorten: 'Alpha', 'Butterfly' (alle Saattermine), 'Monnopa', 'Winterriesen St. Verdil' (für Frühjahr)

Tomate

(Lycopersicon lycopersicum)

Tomate ist in Südamerika heimisch und sehr wärmebedürftig. Sie enthält Karotin, Vitamin B, Mineralstoffe und Fruchtsäuren. Durch Anbau unter Glas und Folie erzielt man frühe und höhere Ernten als im Freiland.

Kultur: Aussaat Ende März in Saatschalen bei 22 °C oder im heizbaren Vermehrungsbeet, hell stellen; später in einzelne Töpfe setzen bei 22 °C; ab Ende April ins Frühbeet pflanzen, Pflanzabstand 40–50 cm, um Pilzkrankheiten vorzubeugen; 3 Pflanzen/m²; nach den Eisheiligen kann auch aufs Beet gepflanzt werden, besser auf Mulchpapier oder -folie, bei schlechtem Wetter zusätzlich mit Folientunnel schützen; Freilandtomaten im Herbst unter Reifehauben

Tomaten brauchen viel Wärme und gleichmäßige Feuchtigkeit.

Übersichtstabelle: Gemüsearten für Frühbeetkultur

Gemüseart	Aussaatzeit	Pflanzzeit	Pflanzabstand in cm	Ernte
Buschbohnen	Mitte Mai	Ende Mai	40 x 40	Juli-August
Feldsalat	September–Dezember		Reihenabstand 10 cm	Dezember–März
Gurken		Mai	in Reihen 50 cm	Juli–Oktober
Kohlrabi	März	Ende März–April	25 x 25	Mai
Kopfsalat		März–April	20 x 25	Mai
Melone		Mai	80	August – September
Mohrrüben	Oktober–Dezember			April–Juni
Paprika	März	April/Mai	50 x 40	Juli–Oktober
Radieschen	Februar		15	April
Rettich	März–April	April–Mai	25 x 20	Juni–Juli
Schnittsalat	März–September		Reihenabstand 15–20 cm	Mai–Oktober
Spinat	September		Reihenabstand 15 cm	April–Mai
Tomaten	März	Mai	75 x 45	Juli–Oktober
Winterendivie	August	Ende September	pro Reihe 4 Pflanzen	Januar–Ende Februar

Die Winterendivie ist ein willkommener Vitaminlieferant im Winter

Pflege: nachts die Frühbeetfenster mit Noppenfolie oder Matten zudecken; anfangs wenig gießen, nach Fruchtbildung mehr und gleichmäßig wässern; ausreichend lüften; alle 3–4 Wochen Volldünger oder Tomatendünger verabreichen; Seitentriebe (Geiztriebe) regelmäßig entfernen; stützen und anbinden; bei der Bestäubung nachhelfen! Bei Stabtomaten Frühbeet erhöhen
Ernte: Juli bis Ende Oktober
Sorten: 'Phyra', 'Sweet Cherry F1', 'Benarys Gartenfreude' (kleinfrüchtig), 'Yellow Pearshaped' (gelbfrüchtig), 'Pendulina' (Ampeltomate), 'Hellfrucht', 'Harzfeuer' (beide großfrüchtige Stabtomaten)

Winterendivie

(Cichorium endivia)

Endivie enthält mehr Karotin und Vitamin C als Kopfsalat.
Kultur: Aussaat August (Vorkultur), Ende September ins Frühbeet pflanzen, etwa 20 Pflanzen pro Fenster; bei Direktaussaat vereinzeln
Pflege: Wasserversorgung und Lüften wie bei Kopfsalat; Temperaturen um 10 °C ausreichend; organisch-mineralische Grunddüngung (100 g/m²)
Ernte: Januar bis Ende Februar
Sorten: 'Jeti', 'Diva', 'Bubikopf'

Adressen

Ing. G. Beckmann KG
88239 Wangen/Allgäu
(Fertig-Frühbeete, Lüftungsautomaten, Frühbeetheizung, Solar-Wärmespeicher)

Gärtner Pötschke
41561 Kaarst
(Anzuchtmaterial, Fertig-Frühbeete, Fensterautomaten, Folientunnel, Folien, Vlies, Abdeckhauben, Frühbeetheizung)

Samen-Schmitz
85609 Aschheim
(Fertig-Frühbeete, Lüftungsautomaten, Folientunnel, Folien, Vlies, Abdeckhauben, Frühbeetheizung, Anzuchtmaterial)

A. Schneider KG
Gewächshaus-Metallbau
72336 Balingen
(Frühbeete, Frühbeetfenster, Stegdoppelplatten)

R. Wagner
Glashausbau
83487 Marktschellenberg
(Fertig-Frühbeete)

Arbeitskalender

	Gemüseanbau: Hauptkulturen	Verschiedene Gemüse	Jungpflanzen-anzucht	Kakteen und andere Sukkulente
Januar	In warmen Kasten Salat pflanzen (keine Freilandsorten); dazwischen Radieschen säen	Kalten Kasten, der als Lager für Gemüse dient, kontrollieren, Faulendes entfernen.		
Februar	In warmen Kasten Salat und Kohlrabi pflanzen; dazwischen Radieschen säen; mittags vorsichtig lüften	In warmem Kasten Folgesaaten in 14-tägigem Abstand: Schnittsalat, Kresse, Radieschen und Möhren		
März	Warme Kästen bei 18 °C lüften; Aussaaten von Kopfsalat, Paprika, Lauch, Blumenkohl für spätere Freilandkulturen; Gurken pflanzen; mit Strohmatten zudecken	Unter Folien Rettich und Radieschen aussäen; Frühkartoffel anbauen	Aussaat von Einjährigen zur Jungpflanzengewinnung	
April	Ausgepflanzten Kopfsalat mehr und gleichmäßig bewässern. Unter Folie pflanzen: Gurken, Kopfsalat, Kohlrabi, Paprika	Aussaaten zur Jungpflanzengewinnung für Gartenbeete: Salat, Lauch, Buschbohnen, Rosenkohl; regelmäßig lüften. Unter Folien säen: Radieschen, Schnittsalat; bei Kartoffeln (etwa 40 cm hoch) die Folie abnehmen	Aussaat von Einjährigen ins warme Frühbeet	Kakteen und andere Sukkulente können ins kalte Frühbeet umziehen.
Mai	Leeres Frühbeet mit Gurken, Melonen, Paprika, Tomaten bepflanzen, später für hohe Pflanzen mit einem Lattengerüst überbauen	Zwischen neu ausgepflanztem Gemüse Schnittsalat, Radieschen, Kresse säen; vorgezogene Buschbohnen pflanzen	Vorgezogene Einjährige auf Beete pflanzen	
Juni	Bei Buschbohnen Fenster abnehmen; Seitentriebe von Gurken ausbreiten	Radieschen aussäen	Zweijährige wie Bartnelken, Goldlack aussäen	
Juli	Gurken reichlich gießen und düngen; Ende Juli Fenster abnehmen	Winterendivie aussäen; feucht halten	Zweijährige aussäen	
August	Wenn das Frühbeet leer ist, Kohlrabi und Kopfsalat pflanzen	Winterendivie im Frühbeet oder unter Folie und Vlies pflanzen; reichlich gießen	Zweijährige aussäen	Abends keine Fenster auflegen, damit Kakteen den Tau abbekommen und abgehärtet werden.
September	Aussaat von Winterspinat und Feldsalat, auch unter Folie Vlies; Endivien pflanzen	Winterendivie im Freilandbeet mit Folie oder Vlies abdecken	Herangezogene Zweijährige auf die Beete pflanzen	Kakteen bleiben im Frühbeet, Fenster nur bei starkem Regen auflegen
Oktober	Frühbeet tagsüber gut lüften	Mohrrüben im kalten Kasten aussäen, bei Winterkälte mit Laub und Strohmatten zudecken; ab Mitte Februar entfernen		
November	Feldsalat und Spinat brauchen Fensterschutz; Kohlrabi, Salat und Endivien an frostfreien Tagen lüften; nicht gebrauchte Frühbeetfenster und Deckmatten trocken aufbewahren; in frei gewordenen Frühbeeten Wintergemüse lagern			
Dezember	Feldsalat gelegentlich zur Mittagszeit lüften	Eingelagertes Gemüse auf Fäulnis kontrollieren		

Register

Abdeckhauben 25
Ameisen 37
Anbauplan für Gemüse 48 f.
Anzuchterde 35, 41
- Sterilisation 43
- Eigenherstellung 43
Anzuchtgefäße 41
Aubergine (*Solanum melongena*) 48, 55
Auspflanzen 46
Aussaat 43 f.

Bacillus-thuringiensis 36
Beschattung 33 f.
Betonfrühbeete 11
Betonsockel 10
Blattläuse 35
Bleichspargel 25
Blühverzögerung 31
Blumenkohl (*Brassica oleracea* var. *botrytis*) 55
Bodenarten 29
Bodenbearbeitung 27
Bodenlebewesen 31
Bodenprobeset 30
Buschbohnen (*Phaseolus vulgaris* var. *nanus*) 55

Chinakohl (*Brassica pekinensis*) 56

Desinfektion 35
Direktsaat 44
Doppelkasten 6
Düngetorf 28
Düngung 30
- organische 30
- mineralische 30

Eidechsen 39
Einheitserde 28
Eissalat (*Lactuca sativa* var. *capitata*) 56
Elektroheizung 14
Entseuchung 28
Erdflöhe 36
Eulenfalter 36

Fadenwürmer 39
Faserzementfrühbeete 10
Feldsalat (*Valerianella locusta*) 56
Fensterheber 8
Fensteröffner, automatische 33
Fensterrahmen 12
Fertigfolientunnel 23
Flachfolienkultur 19 f.
Florfliege 36
Folientunnel 22
Folienzelte 24
Frühbeet 5
- einfaches 6
- bewegliches 6 f.
- ortsfestes 6
- kaltes 17
- halbwarmes 17
- warmes 13 f.
Frühbeetbeheizung 13 f.
Frühbeetfenster 6, 12
Frühbeetkästen
- aus Leichtmetall 7
- aus Kunststoff 7
Frühbeetkastenzangen 7

Gartenklarglas 13
Gemüsefliege 22, 36
Gießen 32
Gitterfolie 18
Glasarten 13
Grauschimmel 39
Gründüngung 30
Grundwasser 5, 30
Gurke (*Cucumis sativus*) 29, 57

Hartholz 10
Heizkabel 11, 14
Heizmatte 11, 14
Heizungsanschluss 5
Hohlkammerplatten 8
Holzfrühbeete
- bewegliche 9
- ortsfeste 11
Holzimprägnierung 10, 11, 25, 26
Hornmehl 30

Igel 39
Insektenschutznetze 36

Kalium 31
Kalkstickstoff 28, 35
Keimfähigkeit 43
Keimlingskrankheiten 39
Kesseldruck-imprägnierung 25
Kiefernholz 10, 11
Knoblauchtee 40
Knochenmehl 30
Kohldrehherzmücken 37
Kohlrabi (*Brassica oleracea*) 57
Kohlweißling 36
Kompaktfrühbeete 8
Kompost 29, 30
Komposterde 16
Krankheiten 31, 34 f.
Kulturerde 28
Kümmerwuchs 31
Kunststofffolie 9, 17 f.

Lavagranulat 29
Lehmboden 29
Lichtdurchlässigkeit 8, 17, 20
Lichtkeimer 44
Lochfolie 10, 19
Lüften 32
Lüftungsautomat 12, 13

Magnesium 31
Marienkäfer 35
Maulwurf 39
Mehltau 40
Melone (*Cucumis melo*) 58
Mist 11, 13, 15
Mistbeet 15
Möhre, Karotte (*Daucus sativus*) 29, 39, 58
Mulchen 30
Mulchfolie 21
Multitopfplatten 41

Nacktschnecken 38
Nährstoffe 28
Nährstoffmangel 30
Nematoden 39
Netze 22
Nitrat 30

Paprika (*Capsicum annuum*) 59
Pflanzenanzucht 41 f.
Pflanzenhygiene 34 f.
Pflanzenschutz 34 f.
Pflegemaßnahmen 25
Pflück- und Schnittsalat (*Lactuca sativa* var. *crispa*) 59
Phosphor 31
ph-Wert 30
Pikieren 44 f.
Polyethylen (PE) 17 f.
Polypropylen (PP) 20
Polyvinylchlorid (PVC) 8, 17 f.

Radieschen (*Raphanus sativus* var. *sativus*) 59
Raubmilben 37
Raupen 36
Regenwasser 5
Reifehauben 25
Rettich (*Raphanus sativus* var. *niger*) 60
Rußpilze 35

Saatabstand 43
Saatgut 43
- kallibriertes 43
- pilletiertes 43
Sandboden 29
Säuregehalt 30
Schachtelhalmbrühe 37, 40
Schädlinge 31, 34 f.
Schalung 11
Schattierfarbe 34
Schattierung 13, 33 f.
Schlämmprobe 29
Schlitzfolie 19
Schlupfwespe 35
Schmetterlinge 36
Schmierseife 35
Schnecken 35, 38
Schwarzbeinigkeit 39
Schwarzfolie 25
Schwebfliege 36
Selbstbau 7 f.
Sklerotinia-Fäule 40
Sommerblumen
- einjährige 51
- zweijährige 52
Spinat (*Spinacia oleracea*) 36, 60
Spinnmilben 37
Spurenelemente 31
Stallmist 29, 30
Standort 5
Stängelbotrytis 39
Staunässe 29, 41
Stecklinge 47, 54
Stegdoppelplatten 8 f.
Stickstoff 30, 31
Stickstoffdüngung 28, 40
Stickstoffmangel 31
Stroh 29
Strohmatten 33

Tomate (*Lycopersicon lycopersicum*) 38, 39, 61
Tonboden 29
Torfkultursubstrat 28
Torfquelltöpfe 41
Trauermücken 37

Überdüngung 30, 31

Umfallkrankheit 39
UV-Licht 17
Vergilbung 31
Vermehrung 47
Vlies 20
Vögel 39

Wärmeunterlagen 14
Warmwasserheizung 13
Wasserdurchlässigkeit 29
Weiße Fliege 35
Welkekrankheit 39
Werkstoffe 5
Windschutz 5
Winkelverbinder 9
Winterendivie (*Cichorium endivia*) 62
Wühlmäuse 16
Wurzelgemüse 29

Zierpflanzen 51
Zimmerpflanzen 54